A Nosseigneurs
Nosseigneurs du Conseil Supérieur
de Saint-Domingue.

SUPPLIE humblement le Sieur DUBREUIL, Capitaine du Navire *le Félix*, de L'Orient, appelant de Sentence rendue au Siège Royal des Cayes, le 16 Novembre 1789;

CONTRE le Sieur CHARLIER, Armateur dudit Navire, intimé.

ET A L'HONNEUR de vous exposer, Nosseigneurs, que le Sieur Dubreuil, homme honnête, qui a toujours joui de l'estime de ceux avec qui, pour qui & sous qui il a navigué & commandé, qui le prouve par des certificats de tous ceux qui lui ont accordé leur confiance, se voit couvert des apparences du crime par celui qui seul en est coupable. Le Sieur Charlier, homme fin & adroit, mais aussi pervers qu'il est ingénieux, a mis tout en œuvre pour perdre d'honneur le Sieur Dubreuil, & pour consommer sa ruine, quand il a vu qu'il avoit en vain espéré le faire participer à ses infidélités.

A

Cette affaire eſt extrêmement importante : elle compromet la fortune du Sieur Dubreuil ; mais ce qui lui donne le caractère le plus digne d'attention, c'eſt qu'elle renferme des infidélités difficiles à développer, tant le Sieur Charlier a ſu mettre à profit les reſſources de ſon intrigue & de ſon argent pour les couvrir, & pour préparer ſes accuſations contre le Sieur Dubreuil.

On ſera forcé d'entrer dans des détails particuliers, dans le cours de cette affaire, parcequ'il faut diſtinguer qui du Sieur Dubreuil ou du Sieur Charlier eſt le ſcélérat, car il y en a un, & certainement ce n'eſt pas le Sieur Dubreuil.

Dans le fait, le Sieur Dubreuil lia connoiſſance avec le Sieur Charlier dans une traverſée qu'ils firent enſemble de l'Isle de France à L'Orient : le Sieur Charlier avoit alors le projet de faire un armement pour la Côte orientale d'Afrique ; il s'attacha le Sieur Dubreuil pendant cette traverſée, & lui donna de grandes eſpérances, pour l'engager à commander le navire qu'il ſe propoſoit d'acheter.

Le Sieur Charlier n'avoit pas de fonds ſuffiſans pour faire cette entrepriſe ; il ſut très-ſatisfait de ſe lier d'amitié avec le Sieur Dubreuil, qui étoit connu à L'Orient, & qui pouvoit lui devenir d'une grande reſſource pour trouver du crédit ſur la place.

Le Sieur Charlier emportoit en France la valeur de cinquante-trois mille livres en lettres de change ; plus, quatre-vingt balles de café, qui ont produit ſix mille livres ; & il a hérité en France de vingt mille livres, ce qui fait un total de ſoixante-dix-neuf mille livres, qui compoſoient la fortune du Sieur Charlier, qui avoit laiſſé beaucoup de dettes à l'Isle de France.

Tel étoit l'état des affaires du Sieur Charlier à ſon

arrivée en France : le Sieur Dubreuil en étoit inſtruit par le Sieur Charlier lui-même, qui lui avoit fait connoître toutes ſes affaires, pour lui inſpirer plus de confiance.

Le Sieur Charlier acheta un navire, qu'il paya quarante-neuf mille livres; par ce moyen, ſon capital ſe trouva réduit à trente mille livres.

Le Sieur Charlier ſe livra en France à de très-grandes dépenſes ; il s'en fut à Paris, & y dépenſa tellement ſon capital, qu'il ſe trouva embarraſſé pour acquitter les traites qu'il avoit fournies pour payer le prix du navire à leurs échéances. Il eut recours au Sieur Dubreuil, qui *par ſes amis*, lui procura de l'argent, qui n'a été rembourſé que trois mois après les termes qu'il avoit pris.

Le Sieur Charlier, homme intrigant, ſut bientôt mettre à profit l'acquiſition de ſon navire pour ſe procurer des fonds.

Il eut l'adreſſe d'emprunter à Paris, d'un Sieur Minet, une ſomme de *ſoixante-dix mille livres tournois*, à la groſſe, à raiſon de vingt pour cent.

Il emprunta auſſi d'un Sieur Boyer, qui paſſoit ſur ſon navire pour ſe rendre à l'Isle de France, une ſomme de *quatorze mille livres tournois*, auſſi à la *groſſe*.

Plus, d'un Sieur Gérard, paſſager auſſi ſur le navire, *vingt mille livres tournois*, auſſi à la *groſſe*.

Plus, d'un Sieur Touraille, auſſi paſſager ſur le navire, *vingt mille livres tournois*, auſſi à la *groſſe*.

Toutes ces ſommes, à l'exception de celle de ſoixante-dix mille livres du Sieur Minet, devoient être payées à l'Isle de France.

Cependant le Sieur Charlier n'a acheté que dix-ſept milliers de fer; tout le reſte a été pris à la *groſſe*. Les frais du radoub du navire ont été fournis à la *groſſe* par un Sieur Henry, qui l'avoit vendu ; toutes les choses nécessaires à l'armement, tous les comestibles, toutes les provisions, ont été fournis à la *grosse*, sous le cautionnement du Sieur Dubreuil.

Pour se convaincre que le Sieur Charlier a eu recours au Sieur Dubreuil pour se procurer de l'argent à la grosse, il suffit de lire ses lettres des 22 Octobre, 28 Novembre 1787 & 2 Février 1788.

Par la première, il dit au Sieur Dubreuil : « Assure- » toi aussi de sommes à la *grosse*, tant pour toi que pour » moi. »

Le Sieur Boyer, dont il parle dans cette lettre, est celui qui devoit lui prêter alors, & qui lui a prêté en effet vingt mille livres tournois *à la grosse*.

Par celle du 28 Novembre, il dit : « Souviens-toi de » ce que tu m'as marqué au sujet des marchandises à » *demi-profit*, & de l'argent *à la grosse*. »

Par celle du deux Février 1788, il disoit encore : « Pense à de l'argent, & *frappe à toutes les portes ; pour* » *moi, je porterai ce qui me reste ici.* »

C'est de cette manière que le Sieur Charlier est parvenu à armer son navire ; il n'a presque déboursé que le prix d'achat ; le surplus des choses nécessaires pour en faire l'armement a été fourni à la grosse, indépendamment de ce que le Sieur Charlier s'est procuré une somme considérable en argent aussi à la grosse.

Il est très-certain que les sommes que le Sieur Charlier s'est procurées n'ont point été embarquées ; on ne peut indiquer l'emploi que le Sieur Charlier en a fait ; mais le Sieur Dubreuil se rappelle très-bien que le Sieur Charlier lui a dit à L'Orient qu'il avoit placé *cent mille livres* à rentes *viagères* sur sa tête & celle de sa femme, à la sollicitation de ses parens ; il se rappelle même lui

en avoir fait le reproche, parcequ'il étoit contre l'intérêt du Commerce, de placer à rentes viagères, dans un
temps où il cherchoit de l'argent *à la grosse*, & qu'il
engageoit le Sieur Dubreuil lui-même dans des caution-
nemens pour lui en procurer.

Le 28 Mars 1788, le Navire *le Félix*, commandé par
le Sieur Dubreuil, partit de L'Orient, avec un très-grand
nombre de passagers, & presque à fret ; la destination
étoit pour l'Isle de France, & de là *à la côte orientale
d'Afrique*, & non pas nommément à Mosambique. Pour
s'en convaincre, il suffit de lire les *expéditions* du navire
délivrées à L'Orient.

A peine le navire fut-il à la mer, qu'il fut assailli par
une tempête affreuse, qui le força de relâcher. Ce con-
tre-temps fâcha beaucoup le Sieur Charlier ; il auroit
desiré que, dans la nécessité de relâcher, on ne rentrât
pas à L'Orient, parcequ'il avoit embarqué plusieurs
femmes qui avoient fui leurs maisons, & parcequ'il
craignoit qu'on ne connût le véritable état de ses affaires. Mais il ne fut pas possible de relâcher ailleurs, &
le premier Avril le navire rentra à L'Orient.

Il est inutile d'entrer ici dans le détail de tous les dé-
sagrémens que le Sieur Dubreuil éprouva alors à cause
des femmes que le Sieur Charlier avoit embarquées
sans que le Sieur Dubreuil en eût connoissance.

Le Sieur Charlier sut encore mettre cette relâche à
profit ; & voici comment : il avoit remis au Sieur Minet à Paris *la police d'assurance*, pour sûreté des soixan-
te-dix mille livres tournois, que le Sieur Minet lui
avoit prêtées *à la grosse* ; c'étoit la condition sous laquelle le Sieur Minet avoit prêté cette somme, pour
s'assurer son remboursement en cas d'événement.

Le Sieur Charlier écrivit au Sieur Minet que la po-

lice d'affurance lui étoit néceffaire pour trouver un emprunt capable de faire les fonds néceffaires pour faire
les frais de fa *relâche* : par ce moyen, le Sieur Charlier
s'étoit faifi de la police d'affurance, pour en recevoir
le rembourfement en cas de perte du navire, & il ne
l'a pas remife au Sieur Minet.

Pour faire les frais de cette relâche, le Sieur Dubreuil
a procuré au Sieur Charlier un prêt de fix mille livres
tournois, fous le cautionnement d'un ami du Sieur Dubreuil ; enfin le navire eft parti pour l'Isle de France le
19 Avril.

Pendant cette traverfée, le Sieur Charlier parla fou-
vent au Sieur Dubreuil des navires qui fe perdoient,
& il fut jufqu'à lui demander s'il n'arrivoit pas quelquefois que des Capitaines perdoient leurs navires ex-
près, & par intelligence avec leurs Armateurs.

Le Sieur Dubreuil, qui favoit que le Sieur Charlier
n'avoit pas embarqué avec lui les fonds qu'il avoit empruntés à la groffe, commença à concevoir quelque méfiance, & lors de fon arrivée à l'Isle de France, il apprit à quel homme il avoit affaire : il fut que pendant
la traverfée, il avoit gagné cent louis à un enfant, fils
du négociant qui lui avoit vendu le navire ; il apprit
qu'à l'Isle de France le Sieur Charlier jouiffoit d'une
mauvaife réputation ; que trois fois il s'étoit procuré
une fortune, & que trois fois il l'avoit diffipée.

Enfin, lors de fon arrivée à l'Isle de France, le Sieur
Charlier fe trouva fort embarraffé ; il s'agiffoit de faire
des fonds, finon pour aller faire la traite *à la Côte orientale d'Afrique*, deftination du navire, du moins pour
payer & rembourfer à fes paffagers l'argent qu'il avoit
pris d'eux à la groffe, à raifon de 25 pour 100, ainfi que
quelques autres dettes qu'il y avoit laiffées.

Pour y parvenir, il chercha encore des passagers, à qui il emprunta de l'argent, qui devoit être employé à la traite du navire *à la Côte orientale d'Afrique*; il eut l'adresse de renouveler tout l'état-major du navire, & d'y placer des personnes à sa disposition, & qui avoient quelque argent.

D'abord, un Sieur Singler, passager pour la Côte, lui remit *trente mille livres*; un Sieur Potier, Second à bord du navire, lui remit *quinze mille livres*; un Sieur Painchon, Lieutenant, lui remit *cinq mille livres*; il emprunta *quarante mille livres* d'un Sieur Blevet; un Sieur Dutray, major du navire, qu'il prit à l'Isle de France, lui compta *trois mille livres*; & un Sieur Fildesoie, son ami, aussi passager, lui compta *trois mille livres*.

De manière qu'à l'Isle de France il eut le secret de se faire remettre entre les mains par de nouveaux passagers & par son état-major, *quatre-vingt-seize mille livres*.

Ces faits sont constans au procès; ils sont acquis par le fait même du Sieur Charlier, qui a ces notes dans ses papiers.

C'est avec cette somme qu'il a fait face aux emprunts qu'il avoit faits de ses passagers de L'Orient à l'Isle de France, & qu'il a payé quelques créanciers qu'il y avoit laissés.

Mais pour se procurer cet argent, il a fallu rester longtemps à l'Isle de France; le navire y a séjourné trois mois, tandis qu'il n'y devoit rester que le temps nécessaire pour décharger son fret & faire son eau.

Le Sieur Charlier n'est parvenu à se procurer cet emprunt qu'avec beaucoup de temps, & pendant ce temps-là il s'est trouvé souvent fort embarrassé.

C'est dans ces momens d'embarras que le Sieur Dubreuil lui avoit compté *trois cents gourdes*.

Mais le Sieur Dubreuil ayant eu besoin par la suite
de cent trois gourdes, le Sieur charlier les lui remit, de
manière qu'il ne lui devoit plus que cent quatre-vingt-
dix-sept gourdes.

Le Sieur Dubreuil ayant encore eu besoin de quelque
argent, demanda au Sieur Charlier les cent quatre-
vingt-dix-sept gourdes.

Mais le Sieur Charlier ne put lui compter que cin-
quante gourdes, & lui fit alors un billet du reste *à moitié profit*, au prorata de la vente des Nègres que le navire devoit traiter.

Le Sieur Dubreuil étoit aussi porteur d'un billet de
quatre cents livres que le Sieur Charlier avoit souscrit
à L'Orient, au profit de la Dame Peignot, payable à
l'arrivée du navire à l'Isle de France ; la Dame Peignot
avoit passé ce billet à l'ordre du Sieur Dubreuil : mais
le Sieur Charlier n'ayant pas pu le payer à son arrivée
à l'Isle de France, terme de son échéance, s'obligea,
au dos de ce billet, d'en payer vingt-cinq pour cent,
aux risques de la mer, à son arrivée à L'Orient.

Ce sont ces deux billets qu'on prétend avoir été souscrits par le Sieur Charlier dans la rade de *Quiloa*, pendant qu'il étoit *aux fers*.

Ce n'étoit pas assez pour le Sieur Charlier de s'être
procuré quatre-vingt-seize mille livres à l'Isle de France :
il fut informé par le Sieur Dutray, à qui il avoit donné le poste de *Major* sur son navire, qu'un Sieur Vignier
avoit *six mille piastres* qu'il desiroit faire valoir, & il
mit tout en usage pour se les procurer. Ce fut le Sieur
Dutray qui lui en fournit l'occasion.

Le Sieur Vignier passa une charte-partie avec le Sieur
Charlier, dont il est bien essentiel de saisir l'esprit : elle

porte que le Sieur *Charlier*, Armateur du navire, s'o-
blige envers ledit Sieur Vignier, de *recevoir à son bord*,
sous le *connoissement signé du Capitaine*, la quantité de
six mille piastres effectives, pour être employées avec
huit mille aussi effectives, que ledit Sieur Vignier embarquera *de ses fonds*, pour traiter des Nègres à la *Côte
d'Afrique*, laquelle traite ne pourra être faite que con-
jointement avec ledit Sieur Vignier & *de son aveu*.

L'argent du Sieur Vignier, ces six mille piastres ont
été comptées au Sieur Charlier, conformément à la
charte-partie, & non pas au Sieur Dubreuil, Capitaine,
qui ne devoit que fournir le connoissement, pour faci-
liter au Sieur Vignier les moyens de faire assurer.

Le Sieur Dubreuil en a fourni le connoissement *conformément à la charte-partie*.

Il est certain qu'aux termes de la charte-partie on ne
pouvoit demander compte au Sieur Dubreuil de cette
somme, puisque c'étoit le Sieur Charlier, Armateur,
qui s'obligeoit de *la recevoir* sous le connoissement de
son Capitaine, & de l'employer suivant les conditions.

Mais par la plus grande précaution, le Sieur Dubreuil, à qui l'argent n'avoit pas été remis, qui n'avoit
fourni connoissement que pour se conformer à la charte-
partie entre son Armateur & le Sieur Vignier, & pour
mettre le Sieur Vignier dans le cas de faire assurer, demanda au Sieur Charlier, armateur, une décharge de
ces six mille piastres qu'il avoit reçues lui-même. Cette
décharge fut donnée alors au Sieur Dubreuil; & c'est
encore cette décharge qu'on prétend avoir été souscrite
par le Sieur Charlier, *en rade de Quiloa & dans les fers*.

Quand le Sieur Charlier vit qu'il n'avoit plus de ressources à faire à l'Isle de France, il se décida à partir,

& dit au Sieur Dubreuil de se préparer, & qu'il avoit embarqué *tout l'argent*.

Étant en rade de l'Isle de France, en compagnie du Sieur Vignier qui avoit mis six mille piastres entre les mains du Sieur Charlier, & au moment de partir, le Sieur Vignier fut arrêté par un hocqueton de marine, parcequ'on avoit fait mettre arrêt à son départ.

Le Sieur Vignier fort étonné de se voir arrêté, n'ayant laissé aucune affaire à terre, engagea le Sieur Charlier à l'attendre *une* heure ou *deux*, parcequ'il ne lui falloit pas davantage pour faire lever cette opposition.

Mais sa surprise & celle de tout l'état-major fut grande de voir que le Sieur Charlier ne voulût pas lui accorder une seule *minutte* pour arranger ses affaires, & refusât toutes les instances que le Sieur Dubreuil lui-même lui fit à ce sujet.

Le Sieur Charlier insista pour que le Sieur Dubreuil appareillât sans *attendre* le Sieur Vignier.

Alors le Sieur Vignier pria le Sieur Dubreuil de faire débarquer l'argent qu'il avoit remis au Sieur Charlier. Le Sieur Dubreuil dit au Sieur Vignier de s'adresser pour cela au Sieur Charlier qui l'avoit reçu.

Mais le Sieur Charlier refusa de rendre au Sieur Vignier son argent, & lui répondit qu'il falloit que la charte-partie qu'il avoit signée fût exécutée, & qu'il étoit bien maître de rester à bord ; mais qu'il ne l'*attendroit* ni ne lui *rendroit* son argent.

Le Sieur Vignier fut obligé de se débarquer & de laisser son argent entre les mains du Sieur Charlier, qu'il traita de *coquin* & de *fripon* en présence de l'équipage (1).

---

(1) *Ceux qui connoissent le Sieur Charlier ont pensé que*

Ces faits font très-conftans au **procès**, font établis par plufieurs témoins, & aucun n'a dépofé au contraire. Il en réfulte un principe de mauvaife foi qui annonce que le Sieur Charlier avoit employé à d'autres ufages l'argent du Sieur Vignier, de fes paffagers & de fon état-major ; ce qui fe trouve confirmé par le peu d'argent trouvé à bord lors de la détention du Sieur Charlier. Il en réfulte que e Sieur Charlier, dont la fituation devoit être embarraffante, après avoir détourné l'argent deftiné pour faire la traite, étoit intéreffé à ce que fon navire fît côte, comme il en a manifefté le defir.

Il a été indifpenfable de faire précéder la difcuffion de cette affaire du détail de tous ces faits qui font acquis au procès, parcequ'il faut faire connoître le Sieur Charlier, ce qu'il eft véritablement. On n'eft point entré dans le détail d'autres particularités propres à faire connoître les mœurs du Sieur Charlier, parceque cette affaire eft très-compliquée & très-longue de fa nature.

Mais le Sieur Dubreuil fupplie inftamment la Cour de prendre en confidération tous ces faits, qui font propres à faire paroître le Sieur Charlier fous le vrai rapport qui lui convient ; il fera voir, dans un autre endroit, que fa conduite à lui Sieur Dubreuil a toujours été celle d'un galant homme auffi eftimé qu'eftimable.

De l'Isle de France le navire fe rendit à Bourbon, pour y prendre les vivres pour la traite qui l'attendoient. Le Sieur Charlier fit encore là une dupe, accoutumé à en faire partout où il a paffé. Il a payé ces vivres en une lettre de change fur un Sieur Henry de la Blan-

---

c'étoit lui-même *qui avoit fait mettre cette oppofition ; & le Sieur Vignier en a été convaincu.*

chetais, de L'Orient, qui loin d'être son débiteur, est au contraire son créancier, & il a payé la solde en un sac de fanneaux (1) valant mille piastres, qui faisoit partie des six mille piastres que le Sieur Vignier lui avoit remises.

Déjà le Sieur Charlier avoit pris à l'Isle de France pour treize mille livres de provisions pour la table & l'équipage, qu'il a payées dans un contrat *à la grosse*, au Sieur Saunier, Capitaine du navire *le Pacificateur*, de Bordeaux.

En faisant route pour la Côte orientale d'Afrique, le navire approcha de l'isle de Coetivy, de manière à embarrasser le Capitaine. Le calme qui régnoit alors livroit le navire aux courans qui l'entraînèrent à la côte.

Alors le Sieur Charlier parut très-satisfait du danger : tandis que le Sieur Dubreuil se désespéroit de la perte du navire qui paroissoit inévitable, le Sieur Charlier s'informoit s'il y avoit loin de là pour se rendre à une terre habitée par des François : enfin, pendant que l'équipage étoit dans les plus vives inquiétudes, le Sieur Charlier descendit dans sa chambre pour jouer de la *flûte* ; voir périr le bâtiment en calme étoit tout ce qui pouvoit arriver de plus conforme à ses désirs.

Ce danger sur la côte de Coetivy est constaté par le Journal du Sieur Dubreuil, à la journée du 18 Décembre 1788.

Enfin le bâtiment se releva à la faveur d'un peu de vent qui se fit sentir, & la joie du Sieur Charlier disparut avec ses espérances & les dangers.

---

(1) *C'est une monnoie du pays.*

Avant d'arriver à Quiloa, le navire s'étant trouvé de nouveau en danger, le Sieur Charlier témoigna encore beaucoup de joie, & proposa diverses fois au Sieur Dubreuil d'approcher des isles qu'ils appercevoient, pour y chercher un mouillage au milieu des écueils & sur des côtes absolument inconnues.

Le Sieur Dubreuil conçut dès-lors quelques soupçons sur l'état des affaires du Sieur Charlier, qui ne lui en avoit donné aucune connoissance depuis son arrivée à l'Isle de France, tandis qu'à L'Orient c'étoit lui Sieur Dubreuil qui étoit chargé de tout, sans doute parceque le Sieur Dubreuil étant connu à L'Orient, lui étoit nécessaire pour faire ressource & trouver de l'argent ; tandis qu'à l'Isle de France il étoit important au Sieur Charlier de masquer sa conduite, & ôter au Sieur Dubreuil la connoissance de ses opérations, qui tendoient à se rendre au lieu de la destination du navire sans argent, après l'avoir placé à son profit.

Enfin le bâtiment arriva à Quiloa le 21 Janvier 1789, après avoir couru beaucoup de risques.

En arrivant à Quiloa, le Sieur Dubreuil trouva deux navires qui y étoient mouillés, dont un, nommé *le Brillant*, Capitaine Lemaître, avoit fini sa traite, & alloit partir.

Le Sieur Dubreuil alla à bord de ce navire *le Brillant*, pour prendre des instructions, le Sieur Charlier ayant refusé d'y aller.

Alors le Sieur Dubreuil apprit que la traite ne pouvoit se faire là, parcequ'il y avoit eu guerre ; que la traite se faisoit à Monfia, distant de 22 lieues, & que pour cela il falloit avoir de bonnes chaloupes. Le Sieur Lemaître, qui avoit fini sa traite, offrit les siennes ; mais le Sieur Dubreuil ne voulut point faire ce marché, parcequ'il avoit fon Armateur à bord, qui étoit chargé de faire la traite.

Le Sieur Dubreuil apprit auffi qu'un des deux navires qui étoient à Quiloa, le brick *l'Oifiau*, Capitaine Mercier, étoit forti de Mofambique pour venir à Quiloa, à caufe du grand nombre de navires qui étoient à Mofambique, & qui rendoient les Nègres fort chers.

De retour à bord de fon navire, le Sieur Dubreuil raconta au Sieur Charlier tout ce qu'il avoit appris, & alors le Sieur Charlier demanda au Sieur Dubreuil s'il penfoit que le Sieur Lemaître Capitaine du navire *le Brillant*, lui vendît cher fes chaloupes. Ce fait eft encore important, parcequ'il en réfulte que le Sieur Charlier a eu intention de faire la traite à *Quiloa*, & qu'il ne vouloit pas aller à *Mofambique*.

Le lendemain 24, le Sieur Charlier & le Sieur Dubreuil furent dîner à bord du navire *le Brillant*, Capitaine Lemaître : pendant le dîner, le Sieur Charlier parla du marché des chaloupes ; mais le marché ne put fe conclure, parceque les parties ne purent s'accorder.

Le Sieur Charlier & le Sieur Dubreuil reftèrent à fouper dans le navire *le Brillant*, & pendant le foupé il fut encore queftion des chaloupes, & enfin le marché fut conclu pour quatre cent foixante gourdes. Le Sieur Charlier fe décida à en donner ce prix parcequ'il en avoit abfolument befoin, & qu'il efpéroit les vendre à peu près ce même prix à la fin de fa traite.

Quand le marché des chaloupes fut conclu, le Sieur Lemaître, Capitaine du navire *le Brillant*, dit au Sieur Charlier qu'il feroit bien de les expédier tout de fuite pour *Monfia*, parcequ'il devoit y arriver inceffamment cent noirs, & que le Sieur Mercier, Capitaine du navire *l'Oiseau*, qui étoit en rade aussi à Quiloa, feroit diligence pour les avoir, s'il en étoit informé.

Ce fut alors que le Sieur Charlier manifesta l'intention qu'il avoit d'éloigner le Sieur Dubreuil du navire, pour exécuter le projet qu'il avoit de le faire aller à la côte, ou de le faire périr par quelque autre événement.

Le Sieur Charlier demanda au Sieur Dubreuil qui il enverroit avec les chaloupes pour faire la traite. Le Sieur Dubreuil lui répondit que l'objet étoit assez important pour y aller lui-même, & il lui conseilla avec instance de ne pas abandonner cette opération à un étranger, parceque le succès de son voyage dépendoit de la traite, qui exigeoit beaucoup d'intelligence.

Mais le Sieur Charlier ne voulut jamais s'écarter du navire, il déclara formellement qu'il n'y iroit pas, & demanda encore au Sieur Dubreuil à qui il pouvoit confier ce soin pour n'être pas trompé.

Le Sieur Dubreuil lui nomma les personnes du navire qui paroissoient avoir fixé la confiance & l'amitié du Sieur Charlier pendant la traversée, & avec qui il avoit le plus de liaison, en lui ajoutant qu'il devoit plus que personne fixer son choix, puisqu'il connoissoit mieux que le Sieur Dubreuil lui-même, l'état-major & les passagers du navire avec qui il avoit des intérêts & qu'il avoit presque tous choisis à sa disposition.

Le Sieur Charlier ne voulut se décider pour aucun de ceux qui étoient à bord, & dit au Sieur Dubreuil qu'il étoit le seul capable de remplir sa confiance.

Le Sieur Dubreuil opposa au Sieur Charlier qu'il ne lui étoit pas possible de s'absenter de son navire pour aller à vingt-deux lieues, que si pendant ce temps-là il arrivoit quelqu'événement au navire, il en étoit responsable vis-àvis les affréteurs & les affureurs, qu'il ne devoit pas ignorer à cet égard la rigueur de l'Ordonnance de la Marine.

Il ajouta que dans ces fortes de navigations les Capitaines étoient plus rigoureusement attachés aux principes, parcequ'il étoit affez commun de voir des révoltes à bord, foit de la part des équipages, foit de la part des Noirs de traite, & que l'abfence du Capitaine dans ces cas particuliers le rendoit responsable de tous les événemens qui pouvoient en être la fuite.

Le Sieur Charlier effaya de combattre les raifons que le Sieur Dubreuil lui oppofoit, en lui difant qu'il étoit lui-même l'Armateur, & qu'il n'auroit pas la mauvaife foi de lui oppofer une abfence à laquelle il l'auroit follicité lui-même.

Le Sieur Dubreuil lui répliqua que, quoiqu'il fût Armateur, il n'avoit pas feul intérêt au navire, que ceux de qui il avoit pris de l'argent à *la groffe*, ceux qui lui avoient prêté, fon équipage lui-même & les affureurs dirigeroient contre lui des pourfuites auxquelles il n'étoit pas poffible qu'il s'expofât.

Cette converfation avoit étoit longue, & faite avec tout le fang-froid & la raifon qu'un objet auffi important exigeoit. Le Sieur Lemaître s'efforça auffi de perfuader le Sieur Charlier qu'il n'étoit pas poffible que le Sieur Dubreuil abandonnât fon navire pour aller à 22 lieues faire la traite.

Mais loin de convaincre le Sieur Charlier de cette vérité qu'il ne méconnoiffoit pas, les raifons qu'on lui oppofa ne firent que l'irriter ; il commença par jurer contre l'Ordonnance & ceux qui l'avoient faite.

Enfuite

Ensuite il s'emporta en injures les plus offensantes contre le Sieur Dubreuil, parceque celui-ci lui observa que ses injures ne le feroient pas changer de dispositions, & qu'il étoit bien étrange que le Sieur Charlier s'oubliât ainsi parcequ'il ne vouloit pas se compromettre & manquer aux devoirs de son état; le Sieur Charlier s'élança sur le Sieur Dubreuil avec une violence qu'on eut beaucoup de peine à calmer, & lui porta plusieurs coups.

Le Sieur Lemaître surpris d'une scène aussi désagréable, & qui n'avoit aucun motif raisonnable, fit appeler du monde de son équipage pour se saisir du Sieur Charlier & le faire conduire à bord de son navire *le Félix*. Ce fut le Sieur Lemaître qui l'y conduisit lui-même.

Rendu à bord du *Félix*, le Sieur Charlier commença par demander à l'Officier de quart : » Qui est-ce qui » commande ici ? » L'Officier lui répondit : »quand » vous n'y étiez pas c'étoit moi, maintenant c'est » vous. »

Alors le Sieur Charlier fit sonner la cloche, & demanda à l'équipage s'il le reconnoissoit pour commandant & maître à bord ? On lui répondit que c'étoit lui quand le Sieur Dubreuil, Capitaine, n'y étoit pas, parcequ'il étoit employé comme second sur le rôle d'équipage.

Après s'être ainsi fait reconnoître, il donna ordre de *charger les canons* pour tirer sur la première embarcation qui apporteroit le Sieur Dubreuil, & de faire *couper les cables*.

Le Sieur Lemaître qui l'avoit accompagné, les Officiers qui étoient à bord & l'équipage lui objectèrent qu'en coupant les cables il feroit périr le navire : à

B

cela le Sieur Charlier répondit qu'il *le desiroit depuis long-temps.*

Ces faits qui sont bien constans sont établis au procès.

Le Lieutenant qui étoit à bord ordonna de parer les canons ; mais en ajoutant de ne faire que semblant, pour attendre le retour du Sieur Dubreuil, Capitaine, pour prendre un parti sur les violences du Sieur Charlier.

Le Sieur Charlier n'étoit pas ivre comme il le prétend & comme il a engagé ses amis, ceux qu'il a subornés, à le dire : le Sieur Lemaître qui étoit présent à cette scène, qui avoit passé la journée entière avec lui, ceux qui n'ont pas été gagnés par le Sieur Charlier comme nous le prouverons, disent précisément *qu'il n'étoit pas ivre,* mais qu'il feignoit quelquefois de le paroître.

Mais ce qui prouve bien que le Sieur Charlier *n'étoit pas ivre,* c'est que quand il s'apperçut que les canons ne se chargeoient pas, il descendit en bas, menaça & voulut battre les Matelots pour leur faire exécuter ses ordres : il s'emporta contre le Sieur Forcet & contre le Sieur Portier, qui paroissoient favoriser la désobéissance de l'équipage.

Alors le Sieur Portier qui étoit second à bord, voyant que les violences du Sieur Charlier pouvoient compromettre le navire & l'équipage, donna ordre de se saisir du Sieur Charlier.

Le Sieur Charlier entendit cet ordre, & courut pour se saisir lui-même du Sieur Portier, qui se sauva sur le gaillard d'avant pour échapper à ses coups.

Alors l'équipage s'empara du Sieur Charlier, le conduisit dans la chambre du conseil, & il fut lié par les jambes avec une corde & un mouchoir.

Il eſt bien eſſentiel de remarquer que le Sieur Du-breuil n'étoit pas préſent à toutes ces fureurs, qui tendoient à l'empêcher de ſe rendre à bord.

Mais ſur-tout il faut faire bien attention que ce ne ſont pas là des actes d'un homme *ivre* ; parceque ſi le Sieur Charlier n'avoit pas eu ſa raiſon, il n'auroit pas ſuivi auſſi conſtamment ſon projet d'écarter le Sieur Dubreuil de ſon navire, il n'auroit pas conſervé le ſouvenir de l'ordre qu'il avoit donné de charger *ſes canons*, il ne ſe feroit pas emporté contre ceux qui ne vouloient pas les charger.

Mais ce qui achève de convaincre que le Sieur Charlier n'étoit pas *ivre*, & qu'il vouloit profiter de l'abſence du Sieur Dubreuil & de la faveur de l'ivreſſe qu'il affectoit, pour exciter une *révolte*, ou faire *périr* le navire, c'eſt ce qui a ſuivi cette première ſcène.

Quand le Sieur Charlier ſe vit ainſi lié par les jambes, il demanda au Sieur *Lagrenois* & au Sieur *Ey-roux* un couteau pour couper ſes liens ; il leur ajouta : » allez chercher *mes piſtolets, armez-vous*, nous tuerons » pluſieurs de ces B...... & nous nous *rendrons maîtres* » *du navire.* »

Ce fait qui eſt très-vrai, eſt encore juſtifié au pro-cès ; pluſieurs témoins l'établiſſent & il eſt très-im-portant.

Les Sieurs Lagrenois & Eyroux répondirent à ces propoſitions du Sieur Charlier : » comment voulez-» vous que nous le faſſions, ne voyez-vous pas que » nous ſommes obſervés par tout l'équipage ? »

Alors le Sieur Charlier leur répondit en jurant qu'ils *étoient des lâches*, que ce n'étoit pas là ce qu'ils *lui avoient promis* en partant de l'Isle de France.

Le Sieur Lagrenois donna un couteau au Sieur Charlier, qui en servit pour couper ses liens sans changer de place, & affectant même de dormir pour n'être pas suspect, & pour écarter la méfiance dans laquelle on sembloit être.

Voilà ce dont déposent ou doivent déposer les témoins entendus dans l'information, & tous ces faits se sont passés dans un temps où le Sieur Dubreuil n'étoit pas à bord, il étoit encore à bord du navire le Brillant.

Alors le Sieur Dubreuil arriva : on lui rendit compte de tout ce qui venoit de se passer, & des propos séditieux du Sieur Charlier.

Le Sieur Dubreuil ne put s'empêcher de faire quelques réflexions sur les dispositions que le Sieur Charlier faisoit appercevoir.

Il se rappela la satisfaction qu'il avoit témoignée toutes les fois que le navire avoit été en danger, il se rappela les sollicitations qu'il lui avoit faites pour l'engager à chercher des mouillages au milieu des écueils dans des côtes inconnues, il se rappela sa conduite étonnante avec le Sieur Vignier, de qui il avoit eu six mille gourdes, il se rappela l'affectation avec laquelle il lui avoit ôté toute connoissance de ses affaires depuis son arrivée à l'Isle de France, il se rappela l'empressement avec lequel il avoit composé l'état-major de personnes à sa dévotion, ainsi que ses passagers qu'il avoit pris à bord, tout cela joint aux conversations mystérieuses qu'il avoit eues depuis son arrivée à Quiloa avec les Sieurs *Eyroux & Lagrenois* & sur-tout l'emportement auquel il s'étoit livré envers lui-même Sieur Dubreuil, sans raisons comme fans prétexte , tout cela éclaira le Sieur Dubreuil fur les projets que pouvoit avoir le Sieur Charlier de travailler à la perte du navire, parcequ'il n'avoit pas les fonds néceſſaires pour en faire la traite , & parcequ'il n'avoit pas même à bord ceux qu'il avoit reçus des paſſagers & de l'état-major , en conféquence il ne crut pas devoir abandonner le Sieur Charlier à lui-même, il penfa au contraire qu'il étoit de la plus grande néceſſité de veiller fur fes actions.

Il engagea le Sieur Charlier à defcendre dans fa chambre, & ne voulut pas lui laiſſer paſſer la nuit dans la chambre du Confeil, où lui-même Sieur Du-breuil couchoit, dans la crainte d'en être aſſaſſiné.

Le Sieur Charlier refufa abfolument de fe retirer dans fa chambre, & on fut contraint de l'y conduire de force. La réfiftance que fit alors le Sieur Charlier n'étoit certainement pas celle d'un homme ivre, & perfonne à bord ne le crut alors dans cet état, on le voyoit avec toute fa raifon, & perfonne ne *le foup-çonna même d'ivreſſe*, ce n'eft que depuis que le Sieur Charlier s'eft fait des partifans, qu'on a cherché à l'excufer de cette manière.

Lorfqu'on entraînoit le Sieur Charlier dans fa cham-bre en bas, il rencontra le Sieur Dubreuil qui étoit auprès du dôme; il s'élança fur lui, & lui lança plufieurs coups dont le Sieur Dubreuil fut atteint.

Le Sieur Charlier fe voyant ainfi renfermé devint très-furieux, il réitera fes inftances aux Sieurs Lagre-noix & Eyroux , qu'il traita encore de lâches parcequ'ils lui firent remarquer qu'ils étoient furveillés par tout l'équipage qu'il avoit mis en mouvement.

Le Sieur Dubreuil craignit alors véritablement une révolte; il crut qu'il étoit prudent d'écarter les

Sieurs Langrenoix & Eyroux du Sieur Charlier, qui mettoit tout en œuvre pour les exciter ; en conséquence, il fit dire à ces deux personnes de se retirer d'auprès du Sieur Charlier, & sur leur refus constant & opiniâtre, le Sieur Dubreuil fut forcé de descendre lui-même pour leur en donner l'ordre précis.

Le Sieur Lagrenoix fit encore difficulté de s'éloigner, & ne se retira que sur la menace de l'y contraindre à force ouverte.

Alors le Sieur Charlier tenta un dernier effort ; il s'arma du couteau qu'il avoit, & que le Sieur Lagrenoix lui avoit donné, & voulut fondre sur le Sieur Dubreuil, pour lui en porter des coups ; c'étoit précisément au Capitaine qu'il en vouloit, parcequ'il se flattoit de diriger ensuite tout à son gré s'il parvenoit à se défaire de lui ; c'étoit sans doute le parti qu'il avoit pris de se défaire du Sieur Dubreuil, quand il fut convaincu qu'il falloit renoncer à le faire participer à ses projets & à abandonner son navire.

Heureusement que le maître d'équipage s'apperçut que le Sieur Charlier vouloit courir sur le Sieur Dubreuil son couteau à la main ; le maître avertit, chacun s'enfuit avec précipitation, le Capitaine Dubreuil évita le coup que lui portoit le Sieur Charlier ; la violence avec laquelle le Sieur Charlier s'élançoit sur le Sieur Dubreuil qui lui échappa, fit porter le couteau sur la table où il le cassa par le milieu ; mais dans sa fureur le Sieur Charlier poursuivit avec le reste de la lame qu'il avoit à la main, il en frappa le Sieur Portier dont la veste en fut déchirée, il en frappa un matelot qui en fut blessé.

Le Sieur Dubreuil fut forcé de faire fermer la porte de la chambre où étoit le Sieur Charlier, & d'établir une garde à la porte pour l'empêcher de sortir.

De retour sur le pont, le Sieur Dubreuil entendit le Sieur Lagrenoix & le Sieur Eyroux qui sembloient se reprocher de n'avoir pas aidé le Sieur Charlier quand il les en avoit priés ; il y avoit tout à craindre que cet événement n'excitât une révolte à bord, ce qui força le Sieur Dubreuil à menacer tous ceux qui entreroient dans les projets du Sieur Charlier.

Tous ces faits sont essentiels à saisir parcequ'ils peignent la circonstance embarrassante dans laquelle se trouvoit le Sieur Dubreuil, & font assez connoître les risques qu'il y avoit en laissant le Sieur Charlier libre.

Enfin le Sieur Dubreuil fut se coucher, & le lendemain de grand matin, si-tôt son réveil, il fut sollicité par tous les Officiers, par l'équipage & par une partie des passagers, de s'assurer du Sieur Charlier, pour éviter de plus grands malheurs.

La circonstance étoit embarrassante ; le Sieur Charlier étoit l'Armateur & le propriétaire du navire ; d'un autre côté le Sieur Dubreuil savoit qu'il y avoit beaucoup de personnes intéressées à cette expédition, parcequ'elles avoient prêté de l'argent *à la Grosse ?* Enfin il y avoit à bord même presque tout l'état-major & les passagers qui avoient remis des fonds assez considérables au Sieur Charlier.

Le Sieur Dubreuil ne voulut rien prendre sur lui dans une occurrence aussi embarrassante ; il assembla son état-major & son équipage, il consulta même les passagers qui avoient intérêt à la chose.

D'une voix unanime on déclara qu'il falloit s'assurer du Sieur Charlier, le mettre au fers jusqu'à l'arrivée du navire dans un port François, & pour faire la traite on fut auffi d'avis de faire recherche des fonds que le Sieur Charlier avoit à bord pour en employer le prix dans l'achat de noirs deſtinés à la cargaiſon ; ce qui porta fur-tout à cette recherche, fut que le Sieur Charlier déclara avoir *jeté beaucoup d'argent à la mer*, perſonne ne voulut croire cela , mais on penſa que le Sieur Charlier, qui alloit être convaincu d'avoir diſſipé les fonds qu'on lui avoit confiés , ou de les avoir détournés, cherchoit à ſe juſtifier en alléguant qu'il en avoit jeté à la mer.

C'eſt ainſi que le Sieur Charlier fut mis aux fers de l'avis unanime de l'état-major du navire.

Ce fait très-important eſt conſtaté au procès ; il eſt prouvé que ce n'eſt pas de la volonté ſeule du Sieur Dubreuil que le Sieur Charlier a été mis aux fers, mais bien de *l'avis unanime* de tout l'état-major & même de l'équipage aſſemblés à cet effet.

Indépendamment des procès verbaux , les témoins établiſſent la vérité de ce fait qui juſtifie le Sieur Dubreuil de l'abus d'autorité qu'on ſemble lui reprocher.

Mais en ce qui concernoit la manière de ſe conduire par rapport à la traite, le Sieur Dubreuil ne voulut pas prendre ſur lui de céder à la ſollicitation de ſon état-major & de ſon équipage, qui vouloient qu'on s'emparât de l'argent qu'il y avoit à bord pour faire la traite ; il crut qu'il convenoit de conſulter ſur cet objet l'état-major du navire le Brillant ; en conféquence il envoya chercher le Capitaine Lemaître & ceux de ſes Officiers qui voudroient s'y rendre, pour concerter avec eux ce qu'il convenoit de faire dans cette circonſtance.

Lorſque le Sieur Lemaître & les perſonnes de ſon navire furent arrivées , le Sieur Dubreuil propoſa de

nouveau à délibérer fur la circonftance où il fe trouvoit, & on fut encore unanimement d'avis qu'il falloit
laiffer le Sieur Charlier aux fers, puifque fa liberté
menaçoit la fûreté du navire & celle de l'équipage ; on
convint encore qu'il étoit de l'intérêt du Sieur Charlier lui-même, de fes prêteurs & de l'équipage, d'employer en achats de Noirs l'argent qui feroit trouvé à
bord.

En conféquence on defcendit en préfence du Sieur
Lemaître & de fes gens dans la chambre du Sieur Charlier ; après en avoir fait l'ouverture en préfence du
Sieur Charlier, & toute recherche bien exactement
faite, on ne trouva que *quatre mille gourdes* dans quatre
facs, avec une bourfe en foie dans laquelle il y avoit
trois louis d'or & quelques gourdes.

Il eft difficile de peindre la furprife de tous les affi-
ftans, de n'avoir trouvé qu'une fomme auffi modique,
tandis qu'à l'Isle de France feulement le Sieur Charlier
avoit reçu quatre-vingt-feize mille livres des paffagers
& de l'état-major, fans compter les fix mille piaftres
du Sieur Vignier.

Cette découverte confirma le Sieur Dubreuil & tout
l'équipage dans l'opinion qu'on avoit, que le Sieur
Charlier avoit conçu le projet de faire perdre le bâtiment.

Tous les paffagers & les Officiers qui avoient mis
de l'argent entre les mains du Sieur Charlier, conçurent
une telle indignation contre lui, qu'ils difoient haute-
ment qu'ils vendroient jufqu'à leur chemife pour le
faire *pendre*.

Tel fut le fentiment qu'infpira le Sieur Charlier &
qu'on a confervé contre lui tant qu'il n'a pas donné
l'efpérance de rendre aux paffagers & aux Officiers ce
qu'il avoit reçu d'eux.

On décida unanimement qu'il falloit s'assurer de la personne du Sieur Charlier pour le livrer à la Justice, & employer l'argent qu'on avoit trouvé à l'achat de quelques Noirs, pour accélérer le retour du bâtiment à sa destination aux Cayes Saint-Louis.

A l'égard des papiers on ne put pas en prendre connoissance au même instant, parcequ'il étoit trop tard ; on en remit l'examen au lendemain, on pensa qu'il étoit indispensable de les examiner pour voir si on y trouveroit quelques notes, quelques instructions sur la traite, & sur l'emploi que le Sieur Charlier avoit fait de l'argent qui lui avoit été remis.

Il fut dressé procès verbal de tous ces faits au même instant, & ces procès verbaux furent signés par toutes les personnes qui y avoient assisté, le premier le vingt-quatre Janvier, & le second concernant l'énumération de l'argent le 25 du même mois.

Il est bien essentiel de remarquer que ce second procès verbal a été signé des Sieurs Lemaître & Lemercier Capitaines des navires *le Brillant* & *l'Oiseau*, appelés pour être présens, parceque ces signatures écartent à jamais les soupçons qu'on a jetés contre l'authenticité de ces procès verbaux.

Le Sieur Charlier témoin de l'opinion qu'on avoit conçue de sa conduite & de sa probité, après avoir trouvé si peu d'argent pour faire la traite du navire, chercha à dissiper les soupçons qu'on avoit formés en persistant à soutenir qu'il avoit jeté de l'argent à la mer, ce qui engagea le Sieur Dubreuil à faire draguer le long du navire qui n'avoit pas changé de position.

Mais on ne trouva rien, quelque soin qu'on apportât à cette nouvelle recherche ; il fut dressé procès verbal de cette opération le 27 Janvier.

Le Sieur Lemaître , Capitaine du navire *le Brillant*, étant *parti quelques jours après* , le Sieur Dubreuil lui remit un double des procès verbaux des 24 & 25 Janvier mil sept cent quatre-vingt-neuf.

Après l'examen des papiers, ils furent renfermés dans un coffre f .rmant à clé & cacheté , & il en fut dreffé procès verbal le vingt-fept Janvier , c'est celui qui conftate qu'on a dragué le long du navire pour voir s'il y avoit quelques facs à la mer.

Tous ces faits qui font conftatés par des procès ver-baux font encore confignés dans le livre journal du Sieur Dubreuil, qui y rend un compte exact de tout ce qui s'est paffé aux jours indiqués par les procès ver-baux & dans l'ordre ordinaire de fon journal.

Alors pour faire la traite le Sieur Dubreuil, de *l'avis de fon état-major* , a acheté une des chaloupes du Sieur Lemaître , & celui-ci lui a prêté l'autre , à condi-tion de la laiffer échouée à terre , & d'en prendre un reçu du Roi de Quiloa.

En conféquence le Sieur Dubreuil a expédié la cha-louppe pour Monfia avec l'argent pour traiter des Noirs , ayant eu attention de mettre dans la chaloupe le Sieur Singler qui avoit prêté trente mille livres au Sieur Charlier , pour le mettre à même de furveiller la traite , & de veiller à fes intérêts en confervant ceux du navire. Ce fait eft encore conftaté par le livre-jour-nal du Sieur Dubreuil.

La traite a été finie le 11 Mars , & pour fe convain-cre de quelle manière elle a été faite , il eft bien effen-tiel de lire le journal du Sieur Dubreuil, où toutes les opérations qui ont été faites pour la traite font confignées.

L'examen de ce journal prouve que le Sieur Dubreuil a mis tout en œuvre pour que la traite fût faite auſſi régulièrement qu'il étoit poſſible & avec l'agrément & la participation de ceux qui y avoient intérêt.

Le Sieur Dubreuil ſupplie la Cour de ſe faire donner lecture de ce journal depuis le 23 Janvier juſqu'au 11 Mars 1789, époques de l'entrée du navire dans la rade de Quiloa & celle de ſa ſortie.

Cette lecture eſt très-importante pour la juſtification du Sieur Dubreuil, parcequ'on y découvre la vérité d'accord avec les procès verbaux dreſſés par le Sieur Dubreuil, & avec les dépoſitions des témoins qui n'ont pas été corrompus par les eſpérances du Sieur Charlier ; on y voit des lettres écrites au Sieur Dubreuil par ceux qui ont été expédiés pour faire la traite, qui prouvent que le Sieur Dubreuil a mis tout en œuvre pour faire placer au plus grand avantage les fonds trouvés à bord.

Enfin le navire eſt parti de la rade de Quiloa le 12 Mars avec 79 Nègres à la cargaiſon, & 40 de port permis ou à fret pour le compte des paſſagers.

Quelque temps après que le navire fut parti de Quiloa, le Sieur Charlier fit dire au Sieur Dubreuil par le Chirurgien que ſa ſanté pouvoit ſouffrir de ſa déten-tion plus longue aux fers ; en conſéquence le 17 Mars il fut ſorti des fers, avec recommandation de ſe bien conduire ; c'eſt ce qui eſt avoué par tous les témoins, & conſtaté par le journal du Sieur Dubreuil.

Mais dès le 22 du même mois, le Sieur Charlier donna encore une nouvelle inquiétude à l'équipage.

On trouva un petit Nègre qui portoit du feu dans la chambre où étoit le Sieur Charlier ; on queſtionna ce petit Nègre, qui ne voulut jamais avouer à qui il portoit ce feu, & qui le lui avoit demandé.

Mais après l'avoir châtié, il déclara que c'étoit le Sieur Charlier ; sur cette déclaration, l'équipage régulièrement assemblé, il fut arrêté que le Sieur Charlier seroit remis aux fers pour la conservation du navire ; mais le Sieur Dubreuil ne fut pas de cet avis.

Il envoya prévenir le Sieur Charlier du soupçon qui s'élevoit contre lui, & des dispositions de l'état-major & de l'équipage ; le Sieur Charlier nia ce fait, mais le petit Nègre lui soutint en personne que c'étoit lui qui avoit demandé ce feu.

Alors on convint unanimement, en se rangeant à l'avis du Sieur Dubreuil, qui suffisoit de tenir le Sieur Charlier aux arrêts, & de le faire surveiller avec soin, ce qui fut fait. Le Sieur Charlier fut mis aux arrêts, & veillé par une sentinelle.

Mais comme on s'appercevoit de quelques conférences entre le Sieur Charlier & quelques personnes du navire qui étoient suspectes, on défendit à la sentinelle de laisser personne lui parler.

Cette précaution étoit d'autant plus nécessaire, que le Sieur Charlier étoit connu pour avoir tenté diverses fois d'exciter quelques révoltes à bord ; on savoit, & le Sieur Dubreuil avoit été averti lui-même depuis son départ de Quiloa, que le Sieur Charlier avoit formé le projet de l'assassiner ; pour y réussir il étoit convenu avec le Sieur Fildesoie & le Sieur Eyroux qu'on attireroit le Sieur Dubreuil à terre, & que là on l'assassineroit, pour, par ce moyen, se rendre maître du navire, & en disposer à son gré ; on avoit promis mille gourdes au Sieur Eyroux pour le faire participer à ce guet-apens.

Le Sieur Charlier fut donc mis aux arrêts, mais il ne fut pas affez bien obfervé ; plufieurs perfonnes qui lui étoient affidées à bord eurent accès auprès de lui & par ce moyen le navire fut encore expofé à une nouvelle révolte.

En effet le 28 Mai le Sieur Dubreuil fut averti qu'il y avoit quelques projets conçus entre le Sieur Fildefoie & le Sieur Charlier, & qu'ils avoient l'un & l'autre une paire de piftolets, dont ils menaçoient de faire ufage au premier inftant.

Le Sieur Dubreuil inftruit de cette circonftance, affembla fon état-major, pour délibérer fi on feroit recherches des armes qui étoient dans les chambres de paffagers & des perfonnes fufpectes.

On décida unanimement que cette recherche étoit néceffaire pour la fûreté de l'équipage & du navire, fur-tout après les inftructions qu'on avoit eues fur le compte du Sieur Charlier.

En conféquence le Sieur Dubreuil envoya faire recherche dans la chambre du Sieur Charlier ; mais déjà le Sieur Charlier avoit fait enlever fes piftolets, & les avoit fait porter par le Sieur Singler dans la chambre du Sieur Fildefoie.

On en demanda la remife au Sieur Fildefoie & au Sieur Singler, qui nièrent l'un & l'autre les avoir.

Mais comme on les avoit vus entre les mains du Sieur Singler, on fit recherche dans fa chambre, où on les trouva cachés fous le cadre de fon lit, ainfi qu'une autre paire appartenant audit Sieur Singler.

Toutes ces circonftances annonçoient combien on avoit à craindre du Sieur Charlier & de fes liaifons avec le Sieur Singler & le Sieur Fildefoie, de manière que l'état-major & l'équipage décidèrent encore qu'on ne pouvoit pas laisser le Sieur Charlier libre sans compromettre le navire & l'équipage, & qu'il falloit le remettre aux fers jusqu'à l'arrivée dudit navire à sa destination, ce qui fut fait. Le Sieur Charlier fut remis aux fers, & il en fut dressé procès verbal le 28 Mai; ce procès verbal est encore parfaitement conforme au journal du Sieur Dubreuil, qui rend compte de tous ces faits à la journée du 28 Mai.

Depuis ce moment la paix & la tranquillité ont régné : le Sieur Charlier a perdu l'espérance de faire naître une révolte à bord; en conséquence, il a formé le projet de mettre dans ses intérêts précisément ceux qui avoient conçu le plus d'indignation contre lui, & en homme adroit il a employé les moyens qui étoient propres à faire changer les dispositions de ceux qui avoient à se plaindre de sa mauvaise foi.

Ceux qui avoient conçu le plus d'indignation de la conduite du Sieur Charlier & du détournement qu'il avoit fait des fonds qui lui avoient été confiés, étoient ceux qui y avoient le plus d'intérêt, & par conséquent ceux de l'état-major & des passagers qui lui avoient remis des fonds à l'Isle de France, tels que les Sieurs Singler, Portier, Painchau, Dutray & Fildesoie.

Le Sieur Charlier sentit bien qu'en assurant à ceux-ci qu'ils ne perdroient rien pourvu qu'ils voulussent se joindre à lui pour l'innocenter, c'étoit un moyen infaillible de les mettre dans ses intérêts; en conséquence il eut divers entretiens avec eux, & leur donna l'espérance de les payer.

Pour cela il falloit le présenter comme victime des violences du Sieur Dubreuil, & couvrir ses propres emportemens du prétexte de l'ivresse. Par ce moyen le Sieur Charlier se conservoit sa cargaison & son navire,

& il afluroit fes créanciers *préfens* qu'il difpoferoit du tout pour les acquitter , au préjudice de fes créanciers *abfens*.

Les Sieurs Singler , Portier , Painchau , Dutray & Fildefoie qui étoient aflurés de tout perdre fi le Sieur Charlier étoit livré à la Juftice dans l'état où fe trou- voient les chofes, fe réunirent pour le fauver, & le même motif d'intérêt perfonnel qui les avoit tous aigris, fut celui qui les lia au Sieur Charlier ; de fon côté le Sieur Charlier qui n'avoit pas d'autre parti à prendre pour échapper à la rigueur des Loix, promit avec d'au- tant plus de profufion qu'il ne pouvoit plus rien con- ferver ; c'eft ainfi que le Sieur Dubreuil eft devenu l'objet des projets concertés entre le Sieur Charlier & ceux qu'il avoit trompés & à qui il donnoit l'efpérance de recevoir l'argent qu'ils lui avoient prêté.

De ce moment le Sieur Dubreuil à vu s'éloigner de lui & fe rapprocher du Sieur Charlier précifément ceux qui avoient mis le plus d'acharnement à conftater fon délit & fes violences.

Le Sieur Charlier, homme très-fin & très-adroit, a compris qu'il falloit encore mettre dans fes intéréts quelques perfonnes de l'équipage pour appuyer les fecours que ces nouveaux partifans étoient difpofés à lui prêter ; il a en conféquence fait ufage de toutes les reffources qui étoient à fon pouvoir pour engager quelques Matelots à dépofer en fa faveur.

Après avoir ainfi difpofé ceux dont il attendoit quel- ques fecours, il leur a tracé la conduite qu'ils devoient tenir pour s'accorder avec lui ; le parti le plus facile étoit de le préfenter comme un homme *ivre* lors de la fcène dans la rade de Quiloa.

Et comme les fignatures appofées au bas des procès verbaux

verbaux qui avoient été dressés pouvoient contrarier le plan de défenses qu'il avoit conçu, il imagina de les faire désavouer à ceux qui les avoient donnés, & de leur faire dire qu'ils avoient signé par crainte des menaces que le Sieur Dubreuil leur avoit faites.

La noirceur & la mauvaise foi du Sieur Charlier furent portées à un tel excès qu'il imagina de présenter comme arrachés à la rigueur de sa détention, d'une part un billet qu'il avoit souscrit au profit du Sieur Dub.euil à l'Isle de France, d'une modique somme de 147 gourdes *pour être employées à la traite à moitié profit, au prorata de la vente des Noirs*, une autre convention apposée au dos du billet qu'il avoit souscrit à L'Orient au profit de la Dame Picquot de la somme de quatre cents livres payables à son arrivée à l'Isle de France & dont il récusa le paiement à son arrivée à L'Orient, avec promesse de profit maritime à raison de 25 pour cent. Troisièmement enfin la reconnoissance qu'il avoit donnée au Sieur Dubreuil à l'Isle de France des six mille gourdes que le Sieur Vignier lui avoit comptées, & dont le Sieur Dubreuil avoit fourni connoissement au Sieur Vignier pour faire assurer.

Ce qu'il y a de bien singulier & ce qui s'explique cependant par les circonstances, le Sieur Dutray, Chirurgien, a osé dire qu'il avoit vu le Sieur Charlier faire ces billets étant dans les fers.

On expliquera par la suite pourquoi le Sieur Dutray a aussi audacieusement trahi la vérité ; on prouvera l'impossibilité que le Sieur Dubreuil ait exigé ces billets du Sieur Charlier dans les fers ; mais suivons l'ordre des faits.

Avant l'arrivée du navire, le Sieur Charlier avoit si bien disposé les esprits qui lui étoient dévoués, qu'il

les engagea à préparer une lettre adreſſée au Procureur du Roi des Cayes, où le navire devoit aller
mouiller.

Cette lettre avoit pour objet de prévenir le Procureur du Roi contre la déclaration que le Sieur
Dubreuil devoit faire à ſon arrivée , & contre les ſi-
gnatures qui étoient au bas des procès verbaux qu'on
vouloit rendre ſuſpects.

Enfin le navire arriva aux Cayes Saint-Louis, & le
27 Juin 1789 le Sieur Dubreuil fit au greffe ſa déclaration de tout ce qui s'étoit paſſé à ſon bord, & dépoſa
au greffe tous les procès verbaux qu'il avoit dreſſés.

Sur ces déclarations & ſur les procès verbaux dé-
poſés à l'appui, il étoit du devoir du Procureur du
Roi de rendre plainte.

Mais au lieu de cela il ſe contente de requérir un
ſimple tranſport à bord du navire, afin de faire ſubir un
interrogatoire au Sieur Charlier ; il eſt remarquable
qu'à chaque acte de la procédure le Procureur du Roi
ſe *réſerve* de rendre plainte, & ne le fait qu'à la dernière
extrémité, lorſqu'il ne peut plus donner tous ſes ſoins
à la défenſe du Sieur Charlier.

Cet interrogatoire eſt très-précieux dans cette affaire,
ainſi que tout ce qui a été dit par le Sieur Charlier dans
le cours de cette procédure, non pas parcequ'il eſt
échappé des aveux au Sieur Charlier ; il eſt trop ſin
& trop adroit pour s'engager ; mais parceque les détails
les plus circonſtanciés & les récits qu'il fait de tout ce
qui s'eſt fait & s'eſt dit à bord du navire, ſont abſolu-
ment contradictoires avec l'état d'*ivreſſe* dans lequel il
ſuppoſe avoir été, & dont il ſe couvre aſſez mal-adroitement.

On ne finiroit pas s'il falloit faire ſentir ces contra-

dictions en analyfant l'interrogatoire que le Sieur Charlier a fubi alors, & ceux qu'il a fubi depuis. Cette requête, déjà fort longue par le détail des faits principaux, ne permet pas cet examen ; mais on fupplie la
Cour de les lire avec attention, & de fe préfenter le
Sieur Charlier dans l'ivrefle à l'époque où les faits dont
il parle fe font paffés ; il en réfultera infailliblement que
fi le Sieur Charlier eût été véritablement *ivre*, il n'auroit pas confervé le fouvenir de tous ces faits, & n'en
parleroit pas avec cette précifion plus de *cinq mois* après
qu'ils fe font paffés.

Après avoir éprouvé la bienveillance du Procureur
du Roi, le Sieur Charlier, d'accufé qu'il devoit être,
eft devenu accufateur ; il a rendu plainte contre le Sieur
Dubreuil, il s'eft plaint de ce qu'il avoit été mis aux
fers.

Cette plainte préfente encore un tableau frappant de
contradiction avec l'état *d'ivrefle* dont le Sieur Charlier
cherche à fe couvrir, & le Sieur Dubreuil fupplie la
Cour d'en prendre lecture : elle y verra que le Sieur
Charlier répète ou paroît répéter *mot-à-mot* tout ce qui
a été dit, tout ce qu'il dit *avoir été fait* lorfqu'il étoit
dans cet état d'ivrefle, tandis qu'il ne fe rappelle
pas ce qu'il a *fait* & *dit lui-même.*

Il eft bien fingulier que le Sieur Charlier raconte dans
le plus grand détail ce qu'il a *entendu*, ce qu'il a *vu*, &
qu'il n'ait pas le plus léger fouvenir de ce qu'il a *fait* &
dit lui-même au même inftant.

Sur la plainte rendue au nom du Sieur Charlier , le
Procureur du Roi fait une remontrance, non pas *en
plainte*, mais pour *adminiftrer* pour témoins, fur la
plainte du Sieur Charlier, *tous les gens de l'équipage ;*
comme fi c'étoit au Procureur du Roi à *indiquer* au Sieur

Charlier les témoins qu'il vouloit faire entendre sur la plainte.

Cette remontrance du Procureur du Roi est un chef-d'œuvre d'inconséquence. On y voit un homme qui sent bien que son devoir lui impose l'obligation de faire le contraire de ce qu'il fait, mais qui cherche à couvrir sa conduite ; il a l'air de se tenir en observation, tandis que son devoir étoit d'agir sur la déclaration & les procès-verbaux qu'il avoit sous les yeux. Mais il vouloit donner au Sieur Charlier le temps de faire entendre les gens de l'équipage contre le Sieur Dubreuil, pour qu'on ne pût pas ensuite les lui opposer à lui-même.

Enfin, il n'y a point eu de plainte contre le Sieur Charlier ; les gens de l'équipage ont au contraire été entendus, sur la plainte qu'on lui avoit donné le temps & les moyens de rendre.

Quand on voit toutes les informations qui ont été faites dans cette affaire, qui est devenue un vrai dédale, on est réduit à gémir sur le sort de la Justice, obligée de chercher la vérité sous les voiles dont on s'efforce de la couvrir.

Tous ces faits se sont passés à bord d'un navire, sous les yeux de tous ceux qui étoient présens ; & tous ceux qui en parlent ne sont pas d'accord entr'eux. Il y a plus, il y en a qui en parlent d'une manière *contradictoire* avec les autres ; il est vrai que ce sont précisément ceux qui avoient prêté des fonds au Sieur Charlier, qui leur a donné l'assurance de les rembourser, & à qui il a, depuis son arrivée, donné les Nègres de sa cargaison en paiement. Enfin, sur ces informations, qui étoient bien plus à la charge du Sieur Charlier que du Sieur Dubreuil, le Procureur du Roi a requis que *le Sieur Char-*

lier fût renvoyé, & le Sieur Dubreuil décrété de prise de corps.

Sur ces entrefaites, le Sieur Dubreuil a été informé que le navire *le Brillant*, Capitaine Lemaître, qui étoit parti de Quiloa avant lui, étoit à Saint-Marc; en conséquence, il a été adressé une commiffin rogatoire au Juge de Saint-Marc, pour faire entendre le Sieur Lemaître, qui avoit été préfent, & tous ceux du navire le *Brillant* qui avoient eu connoiffance des faits.

De cette information faite à Saint-Marc, il eft réfulté que le Sieur Charlier s'étoit porté aux plus grands excès *n'étant pas ivre*; il eft réfulté que le procès verbal du 25 Janvier avoit été dreffé en préfence du Sieur *Lemaître* & plufieurs autres perfonnes qui étoient venues du Navire *le Brillant*, ce qui eft très-important; en un mot, il eft réfulté que le Sieur Dubreuil n'avoit rien fait que de l'avis de fon état-major & de tout fon équipage.

Le Sieur Dubreuil a fubi interrogatoire le 3 Août, & les réponfes qu'il y a faites font conformes à tout ce qu'on a dit; il y a expliqué toutes les circonftances de cette affaire; il a rendu compte de fa conduite, & ce qu'il a dit eft abfolument conforme à ce qu'ont dû dépofer les témoins qui n'ont pas été corrompus par le Sieur Charlier, & fur-tout à la teneur de fes procès verbaux & au journal de route du Sieur Dubreuil.

Le Sieur Charlier, enhardi par fes fuccès, a cru pouvoir attaquer encore le Sieur Dubreuil; il a rendu une plainte nouvelle par addition, & a prétendu que le Sieur Dubreuil lui avoit enlevé parmi fes papiers une obligation de vingt mille livres tournois, confentie par le Sieur Dubreuil au Sieur Charlier, à l'Isle de France, à valoir fur fes gages, gratification & commiffion comme Capitaine, une lettre de crédit de 75 à 80000 liv. argent de l'Isle de France, donnée au Sieur Charlier par le Sieur Gautier, fur un Sieur Monteroux à la côte de Mofambique ; un connoiffement de fix mille piaftres-gourdes, chargées par le Sieur Vignier.

Il a prétendu en outre que le Sieur Dubreuil lui avoit fait foufcrire *dans les fers* diverfes obligations ; la première au dos du billet de 400 livres confenti au profit de la Dame Piquet, la feconde de 147 gourdes au profit du Sieur Dubreuil, & la troifième enfin une décharge des fix mille piaftres chargées par le Sieur Vignier.

Enfin il a prétendu que le Sieur Dubreuil ne l'avoit mis aux fers que pour s'emparer de fes papiers, de fon argent, & pour changer la deftination du navire, qui devoit aller à Mofambique.

Dans cet état l'affaire a été réglée à l'extraordinaire. Le Sieur Dubreuil a été confronté aux témoins.

Mais il eft bon de remarquer que la Sentence de réglement à l'extraordinaire, en date du 10 Août 1789, porte en même-temps décret de prife de corps contre le Sieur Charlier, de manière que l'affaire étoit réglée à l'extraordinaire à l'égard du Sieur Charlier, avant que le décret décerné contre lui fût exécuté, & qu'il eût prêté fes réponfes fur ce décret ; ce n'eft que le 13 Août que le Sieur Charlier a fubi fon interrogatoire, dans lequel il fe renferme à dire qu'il étoit *ivre*, quand on lui parle des délits auxquels il s'eft porté ; mais quand il en parle lui-même, il entre dans les plus minutieux détails ; il porte l'exactitude jufqu'à rapporter les ex-preffions qu'il a *entendues*.

A la confrontation, le Sieur Dubreuil a reproché les Sieurs Singler, Portier, Painchot, Dutray, de qui le Sieur Charlier avoit pris de l'argent à l'Isle de France,

& qu'il leur a promis de leur rembourfer, au préjudice des prêteurs *à la groſſe*. Depuis fa détention à bord, il a auſſi reproché trois autres témoins fur d'autres motifs.

Mais on n'a point eu égard à ces reproches, & la Sentence n'a admis que ceux propofés contre les Sieurs Lagrenoix & Evroux.

De fon côté, le Sieur Charlier a fait admettre fes reproches contre trois témoins, fur des prétextes qui n'ont pas même la plus légère apparence de légitimité, comme on le fera voir dans la difcuſſion.

Dans cet état des chofes, il eſt intervenu Sentence le 16 Novembre 1789, qui a condamné le Sieur Charlier à être admonété, & en 1,500 liv. d'aumône, & qui a condamné le Sieur Dubreuil à l'admonition, l'a déchu de fes gages & des fommes à lui dues pour la conduite du navire, l'a condamné en cent mille livres de dommages-intérêts, a déclaré nuls, comme foufcrits dans les fers, 1°. le reçu de fix mille piaftres du Sieur Charlier, embarquées par le Sieur Vignier; 2°. le billet de 147 piaftres; 3°. Enfin l'obligation de 25 pour 100 de profit maritime au dos du billet dudit Sieur Charlier, au profit de la Dame Picquot.

Le Procureur du Roi a interjeté appel de cette Sentence, & le Sieur Dubreuil s'en rend auſſi appelant.

Pour la faire infirmer, il lui fuffit d'une lecture bien attentive des pièces de la procédure.

On y découvre la vérité qui fe dérobe aux efforts du Sieur Charlier, qui cherche à la couvrir d'un voile épais.

D'abord il eſt effentiel de faire remarquer que les témoins que le Sieur Dubreuil a reprochés, & qui font les feuls qui excufent le Sieur Charlier, doivent être rejetés, & c'est un des points sur lesquels la sentence doit être réformée.

Ces témoins sont importans dans cette affaire, parcequ'ils désavouent leur signature aux procès verbaux; il sera facile de prouver que les procès verbaux sont sincères & vrais.

Il n'est pas possible que les Sieurs Singler, Portier, Painchot & Dutray restent témoins contre le Sieur Dubreuil.

Ces particuliers ont fourni au Sieur Charlier 56,000 livres, pour être employées à la traite du navire; indépendamment de cette somme, le Sieur Dutray, chirurgien du navire, avoit la procuration du Sieur Vignier, qui avoit remis au Sieur Charlier six mille gourdes, qui forment un objet de plus de 50,000 livres.

Ces particuliers ont un intérêt direct à ce que cette somme puisse leur être payée, & il est démontré qu'il ne s'est pas trouvé à bord du navire 36,000 livres, puisqu'on n'y a trouvé que quatre mille piastres.

Dès que le navire n'offre pas à ces prêteurs les moyens d'être acquittés, ils ont eu intérêt à compliquer le Sieur Dubreuil, pour avoir une action contre lui, ou pour en donner une au Sieur Charlier, qui assureroit d'autant le paiement de leur dû.

D'un autre côté, ces particuliers ont été instruits qu'ils n'étoient pas les seuls qui eussent prêté de l'argent au Sieur Charlier; ils ont su, par la connoissance qu'ils ont acquise de ses affaires; qu'il devoit des sommes considérables qu'il avoit empruntées *à la grosse*, & pour lesquelles les prêteurs avoient un *privilège* spécial sur le navire & sur la cargaison.

Ils se sont vus exposés à tout perdre, si le Sieur Charlier restoit compromis aux yeux de la Justice, qui ne

pourroit pas se dispenser de veiller à la conservation d
droits des prêteurs *à la grosse*, ils ont donc été intéres-
sés à venir au secours du Sieur Charlier, qui leur a fait
espérer qu'il les paieroit sitôt son arrivée, en Nègres de
sa cargaison, & avant que les prêteurs pussent se présenter, ce qu'il a effectivement fait.

Ces particuliers étoient donc dès-lors juges dans une
cause à laquelle ils avoient l'intérêt le plus direct, le plus
pressant & le plus personnel, par conséquent on ne
peut pas les entendre en témoignage.

Il est certain que le Sieur Charlier s'étoit engagé à
bord de payer tous ces particuliers, au préjudice des
prêteurs à la grosse ; cela est si vrai que ce n'est que depuis
ces arrangemens que ces particuliers ont changé de lan-
gage ; jusques-là ils étoient à juste titre enflammés
d'indignation contre le Sieur Charlier, qui les avoit
trompés d'une manière honteuse ; ils avoient signé *librement* les procès verbaux qui constatent ses délits &
les détournemens de fonds ; ils avoient annoncé l'intention de le poursuivre eux-mêmes *criminellement*.

Mais, loin de cela, dès qu'ils ont eu l'assurance d'ê-
tre payés avec les Nègres qui étoient à bord, ils se sont
concertés avec le Sieur Charlier, ils ont désavoué les
faits principaux, ils ont voulu rendre suspects les procès verbaux revêtus de leur signature.

L'engagement que le Sieur Charlier avoit pris de
payer ces créanciers dont l'assistance & le secours pouvoient le faire échapper au supplice, a été acquitté ; il a
payé tous ces particuliers aux Cayes avec les Nègres de
la cargaison.

On rapporte un ordre signé Charlier, de livrer au
Sieur Singler *dix-sept Nègres*, qu'il déclare *lui avoir ven-
dus*.

Le Sieur Singler, qui avoit remis son argent au Sieur Charlier, qui avoit employé le surplus qui lui étoit resté en six Nègres mis à fret à bord du navire, n'avoit pas de quoi acheter *dix-sept Nègres*, puisqu'au contraire il en avoit lui-même *à vendre*.

D'un autre côté, le Sieur Charlier est *convenu* avoir fait ces paiemens.

Le Sieur Dubreuil lui en a fait le reproche dans sa confrontation du 2 Septembre. Le Sieur Charlier a répondu, à l'occasion de ces paiemens faits en fraude des *prêteurs à la grosse*, que le Sieur Dubreuil ignore apparemment « qu'il est *toujours* libre à un débiteur de se » libérer, sur-tout lorsque les titres qu'il acquitte *sont* » *échus*, qu'il peut *justifier* par ces titres mêmes *des per-* » *sonnes qu'il a payées* & qui sont acquittées. »

Ces paiemens ont donc été faits. Il seroit bien facile de faire voir qu'un débiteur en faillite évidente ne peut pas payer à sa volonté, & sur-tout qu'il ne peut payer au préjudice des *contrats à la grosse*, qui portent privilège.

Mais cela est étranger à l'affaire : il suffit que le Sieur Charlier ait payé ces particuliers, qui n'avoient pas droit de recevoir, pour qu'il soit démontré que ces paiemens sont la récompense de l'infidélité des témoignages qu'ils ont rendus.

Ces témoins doivent donc être écartés avec d'autant plus de raison qu'ils ont dit avoir signé les procès verbaux *par contrainte*, & que ces procès verbaux n'avoient pas été dressés sur le champ.

Il est essentiel de prouver que les procès verbaux ont été faits dans le temps même & signés librement.

Le premier est du 24 Janvier ; c'est celui qui constate les violences du Sieur Charlier ; le second, *très-impor-*

tant, eft celui qui conftate que le Sieur Charlier a été mis *aux fers*, fur *l'avis de tout l'équipage* & de l'état-major.

Ce procès-verbal eft le plus important, parcequ'il établit la détention aux fers du Sieur Charlier, & l'énumération de l'argent trouvé à bord.

Ce n'eft pas du propre mouvement du Sieur Dubreuil & par l'infpiration de fa feule volonté que le Sieur Charlier a été mis au fers, & qu'on a procédé à l'énumération de l'argent, pour en faire l'emploi au profit de la traite.

Le Sieur Dubreuil n'a rien fait de fon chef; il n'a fait qu'exécuter ce qui a été arrêté dans une *délibération d'un confeil tenu à bord.*

L'état-major & l'équipage du navire *le Félix*, affiftés des *Capitaines* & de quelques *officiers des deux navires trouvés dans la rade de Quiloa*, ont penfé que pour la confervation du navire, & pour la sûreté de l'équipage il falloit tenir le Sieur Charlier aux fers ; ils ont arrêté qu'il falloit faire l'énumération de l'argent qui étoit à bord, & l'employer à faire la traite le plus promptement poffible, pour conduire le navire dans un port françois.

Le Sieur Dubreuil n'a eu que fa voix dans ces délibérations ; ce n'eft pas plus fon ouvrage que celui de tout l'équipage ; il n'a été en cela que l'exécuteur des décrets du confeil tenu fur cette circonftance délicate.

Les procès verbaux dreffés le 24 & le 25 Janvier le conftatent évidemment ; il y eft dit précifément que tout a été fait de *l'avis unanime* de tous ceux qui les ont fignés.

Or ces procès verbaux font conformes à la vérité,

& on ne réuſſira pas ſans doute à les écarter, en alléguant qu'ils ont été faits après-coup.

Comment ces procès verbaux auroient-ils pu être
faits *après-coup* ? celui du 25 Janvier a été *ſigné* du Sieur
Lemaître, Capitaine du navire *le Brillant*, qui étoit à
Quiloa, & de quelques-uns de ſes officiers, & le Sieur
Lemaître eſt parti de Quiloa *le 27 du même mois*.

C'eſt ce qui réſulte du journal de route du Sieur Dubreuil, qui à la journée du 27 Janvier, parle du départ
du navire *le Brillant*. (1) Il ignoroit alors ce qu'on di-
roit de ces procès-verbaux, parceque dans ces premiers
inſtans ceux qui les ont *ſignés* annonçoient qu'ils vendroient juſqu'à *leur chemiſe* pour faire *pendre* le Sieur
Charlier.

En un mot, le Sieur Lemaître a *emporté* avec lui
le 27 Janvier, les *doubles* des procès verbaux dreſſés
les 24 & 25, que le Sieur Dubreuil préſente en
originaux, parcequ'il étoit de ſon devoir d'inſtruire
les prêteurs *à la groſſe* de ce qui ſe paſſoit. Il a
adreſſé ces procès verbaux par *triplicata* ; c'eſt encore
ce que portent les procès verbaux eux-mêmes ; il
en a remis un double au Sieur Lemaître, qui étoit
en partance. Le Sieur Lemaître l'a chargé au Cap
de Bonne-Eſpérance, ſur une frégate qui alloit en
France ; c'eſt ce que déclarent le Sieur Lemaître &
les Officiers de ſon navire, par leur certificat, cote
6, au nombre des pièces produites devant le premier
Juge, par le Sieur Dubreuil.

Pour que le Sieur Lemaître ait emporté ces pro-

---

(1) *A cauſe des chaloupes qu'il avoit prétées pour le départ de ce navire.*

cès verbaux le 27, il faut indifpenfablement qu'ils aient été dreffés à l'inftant même où la fcène s'eft paffée.

D'après cela, que penfer des dépofitions des témoins qui ont ofé dire que ces procès verbaux avoient été faits dans un temps fort éloigné des faits qui y étoient énnoncés, & qu'on y avoit procédé long-temps après & par réflexion.

Ceux qui s'en font ainfi expliqués, font évidemment de faux témoins, coupables aux yeux de la Loi, facrilèges aux yeux de la religion, & infâmes dans l'ordre de la fociété.

C'eft en trahiffant ainfi la vérité, c'eft en fe parjurant, c'eft en vendant au Sieur Charlier un fecours qui lui étoit néceffaire, que ces témoins ont répandu quelque doute fur la fincérité de ces procès verbaux qui font de la plus grande importance dans cette affaire.

Quelle confiance accorder dans de telles circonftances à ces témoins, quand ils difent qu'ils ont figné ces procès verbaux *par crainte,*

Quelle crainte pouvoit donc infpirer le Sieur Dubreuil, qui étoit lui-même expofé à toutes les humiliations qu'un Capitaine peut recevoir à fon bord, contre qui il y avoit des projets d'affaffinat? Quelle crainte pouvoit décider le Sieur Portier à figner ces procès verbaux, tandis qu'il témoignoit *à la même époque* fon reffentiment au Sieur Dubreuil, à l'occafion du *ftyle d'une lettre* qu'il avoit trouvé trop peu mefuré? (1) Quelle crainte avoit pu décider ce Sieur

---

(1) *La lettre du Sieur Portier eft produite au procès.*

Portier qui a refusé de signer un procès verbal de déser-
tion d'un noir, parcequ'il résultoit du procès verbal
qu'il y avoit de sa faute si le noir étoit déserté ;
qu'on voie sa lettre du 21 Mars 1789, cottée E,
qu'on life la lettre qui sera produite sans date, mais
qui est écrite pendant la traite : qu'on life bien ces
lettres, & on verra si la crainte agissoit tellement sur
l'esprit des Officiers du Sieur Dubreuil, qu'ils aient
été contraints de *signer* ces procès verbaux.

Si on rétablit ces procès verbaux que la Sentence
a mal-à-propos écartés, il en résulte d'abord, que
les faits énnoncés dans la déclaration du Sieur Dubreuil à l'Amirauté des Cayes, sont véritables ; il
en résulte ensuite que les témoins qui ont déposé
contre ces procès verbaux, sont de faux témoins ;
que les reproches qui ont été fournis contre eux
doivent être admis, il en résultera enfin ce qui est
bien important à considérer, que le Sieur Dubreuil
n'a pas mis aux fers le Sieur Charlier, de son autorité privée, qu'il n'a agi que d'après un conseil
tenu par son état-major & son équipage, en présence de deux Capitaines & de quelques Officiers
de deux autres navires. Il en résultera que la Sentence a mal jugé en déclarant le Sieur Dubreuil
atteint & convaincu d'avoir *induement & illégalement*
attenté à *la liberté* du Sieur Charlier, puisque la détention du Sieur Charlier n'est pas plus l'ouvrage du
Sieur Dubreuil que de l'état-major & de l'équipage,
qui a cru cette précaution nécessaire pour la conservation du navire & de tout l'équipage.

Si on écarte ces témoins, si on rétablit les procès verbaux essentiels, on ne peut rien reprocher
au Sieur Dubreuil ; par conséquent il n'est dû au-

cuns dommages - intérêts au Sieur Charlier qui a mérité la détention qu'il a subi. Il ne lui en est pas dû d'avantage, par rapport à la traite qu'il prétend avoir été faite contre la destination du navire qu'il fixe à Mosambique.

Il est certain que le navire n'avoit aucune destination fixe ; il devoit aller à la côte *Orientale d'Afrique* & il y a été, puisque *Quiloa* est comme Mosambique à la côte *orientale* d'Afrique ; il suffit de lire les expéditions du navire pour se convaincre de cette vérité ; on y lit que le bâtiment part de l'Orient pour aller à l'Isle de France, doù il doit se rendre à la côte *orientale d'Afrique* ; c'est encore de cette manière pour la *côte orientale d'Afrique* que le navire a été expédié de *l'Isle de France.*

Comment après cela peut-on prétendre que la destination du navire étoit nommément à Mosambique ? Ne font - ce pas plutôt les expéditions qu'il faut consulter là-dessus, que les allégations du Sieur Charlier, qui cherche des prétextes aux inculpations qu'il veut faire au Sieur Dubreuil ?

Le Sieur Charlier argumente d'une lettre dont il prétend avoir été chargé pour *Mosambique*, dont il veut induire qu'il devoit aller à Mosambique.

Mais on fait que rendu à la *côte orientale d'Afrique* ; il est facile de faire parvenir des lettres d'un lieu à un autre : quand on vient à Saint-Domingue, par exemple, on est souvent porteur de lettres pour un lieu autre que celui où le navire doit débarquer.

Mais il y a plus, cette lettre prouve précisément que le navire ne devoit pas aller plutôt à *Mosambique* qu'à *Quiloa*, car elle est adressée ainsi : « A M. Macé de la Rabinais, Capitaine du navire

» la Bagatelle, Armateur Saint-Paul Roux, de pré-
» fent à *Quiloa*, Quericule, ou *Mofambique* ».

Cette lettre dont le Sieur Charlier tire tant d'avantage, prouve donc au contraire en faveur du Sieur
Dubreuil.

D'un autre côté, il eft démontré au procès par
les difpofitions que le Sieur Charlier eft entré en
pour-parler avec le Sieur Lemaître, pour l'acquifi-
tion de fes chaloupes à *Quiloa*; il eft prouvé que
la querelle qui s'eft élevée a précifément eu pour
objet de favoir qui iroit faire la traite de *Quiloa*
avec les chalouppes; il eft acquis que le Sieur Charlier eft allé lui-même à terre chercher un Pilote pour
conduire le navire à *Quiloa*.

Ainfi donc la deftination du navire n'étoit point pour
Mofambique; peut-être entroit-il dans les vues du
Sieur Charlier d'aller à Mofambique s'il ne trouvoit
pas à traiter à Quiloa; mais le navire n'avoit pas de
deftination précife pour Mofambique, & le Sieur
Charlier n'auroit pas été en ce port, puifque le
Sieur Mercier en étoit forti avec le navire *l'Oifeau*,
pour venir traiter à *Quiloa*, précifément parcequ'il
y avoit un grand nombre de navires à Mofambique,
qui rendoient la traite difficile & les noirs fort
chers.

C'eft donc mal-à-propos que la Sentence à jugé
que le Sieur Dubreuil avoit détourné la deftination
du navire, & qu'il avoit fait la traite contre les
difpofition du Sieur Charlier; ce qui a donné lieu aux
dommages-intérêts.

Si le Sieur Dubreuil n'eft pas coupable d'abus
d'autorité, s'il n'a agi que de concert avec fon état-
major, ainfi qu'il eft prouvé par les procès verbaux,

s'il

s'il n'a pas changé la deſtination du navire, il ne d it pas être condamné à des dommages-intérêts que la Sentence a fixés à ur e ſomme de *cent mille livres*.

Comment pourroit-il être dû des dommages - intérêts au Sieur Charlier, ſous prétexte de lui avoir fait manquer ſa traite?

Il ne s'eſt trouvé que *quatre mille gourdes* à bord, quoique le Sieur Charlier eût reçu d'une part ſix mille gourdes du Sieur Vignier & de l'autre 96,000 livres des paſſagers & de l'état-major, ſans compter l'argent que le Sieur Charlier avoit emprunté à la g oſſè à *l'Orient* & à *Paris*.

Quelle traite pouvoit-on faire avec quatre mille gourdes? En quelqu'endroit de la côte que le Sieur Charlier fût, il ne pouvoit pas completter ſa traite avec cette ſomme modique. Envain prétend-il qu'il avoit des *lettres de crédit* ſur une particulier à Moſambique.

D'abord, on ſait qu'il n'y a pas de rapport de commerce entre les poſſeſſions Françoiſes & ces pays, il ne s'y en fait pas d'autre que celui des noirs qu'on va acheter; il faut pour les acheter y porter des fonds, & perſonne n'a dans ces endroits de fonds oiſifs; ceux qui en font paſſer les deſtinent à l'achat des noirs, & il eſt véritablement ridicule au Sieur Charlier de prétendre qu'il alloit traiter avec une *lettre de crédit* ſur Moſambique où il n'étoit pas aſſuré d'aller.

D'ailleurs qu'eſt-ce que le Sieur Charlier avoit fait des fonds qu'il avoit reçus? Dira-t-il que la lettre de crédit étoit repréſentative des fonds qu'on lui avoit prêtés? il ne manqueroit plus que ce dernier ridicule.

D

[50]

Le Sieur Dubreuil n'a point contrarié la traite, il a fait employer les quatre mille gourdes qui se font trouvées à bord, le plus uti'ement possible & de l'aveu UNANIME de l'état-major, ainsi que des paffa- gers qui y étoient intéreffés.

Et c'eft précifément parcequ'il n'y avoit pas de fonds à bord, parceque le Sieur Charlier les avoit détournés, qu'il a mis tout en ufage pour faire périr le navire, ou pour ne pas faire lui-même une traite qu'il ne pouvoit pas confommer, faute de fonds.

La Sentence dont eft appel a donc mal jugé en condamnant le Sieur Dubreuil à des dommages-inté- rêts en faveur de celui même qui a trompé fa con- fiance & celle de tous ceux qui lui ont prêté de l'argent, qui a détourné des fonds qu'on lui avoit prêtés à la *groffe*, qui a tendu un piège au Sieur Vignier, pour l'écarter du navire, quand il eft par- venu à fe faire remettre les fix mille piaftres.

Toutes les circonftances de cette affaire préfentent un enfemble de rufes, de friponneries & d'adreffe de la part du Sieur Charlier, qui fait affez connoître quelle efpèce d'homme il eft.

Il eft parvenu à fe procurer des fommes confidé- rables *à la groffe* en France; il a fait tout fon arme- ment par des prêts *à la groffe*. (1) Arrivé à l'Ifle de France, il a encore eu le fecret de fe faire prêter d'une part, quatre-vingt-feize mille livres, & de fe faire délivrer de l'autre fix mille piaftres de la part du Sieur Vignier.

---

(1) *Tous ces actes de groffe ont été envoyés de France à l'Amirauté des Cayes, où ils font dépofés.*

Après avoir employé ces fonds considérables à des spéculations & des arrangemens étrangers à la traite & à l'armement du navire, il s'est embarqué avec quatre mille gourdes seulement, dans l'intention de mettre tout en œuvre pour couvrir ses déprédations. Rendu à *Quiloa*, il a eu le secret de tendre des pièges au Sieur Dubreuil & à tout l'équipage, pour se mettre à couvert & se prémunir contre les suites que cette affaire devoit infailliblement avoir.

Quand il a vu que sa friponnerie étoit découverte, qu'il n'y avoit plus moyen de couvrir ses détournemens de fonds, & que tout étoit constaté par des procès verbaux, il a eu l'adresse d'intéresser à sa justification ceux mêmes qui avoient le plus à se plaindre de ses spoliations ; il est parvenu à tellement embrouiller cette affaire, que la vérité est maintenant chargée de nuages difficiles à écarter.

Mais en la cherchant avec attention on parvient enfin à la découvrir, & le Sieur Charlier paroît d'autant plus criminel, qu'il prend plus de précautions pour faire paroître le Sieur Dubreuil coupable.

La Sentence a encore déclaré nuls, 1°. le reçu de six mille gourdes données au Sieur Dubreuil, par le Sieur Charlier ; 2°. le billet souscrit à son profit, de la somme de cent quarante-sept gourdes, & enfin l'obligation de vingt-cinq pour cent de profit maritime, endossé au dos du billet de quatre cent livres au profit de la Dame Piquot.

Mais la précipitation & la prévention ont seules pu déterminer cette disposition de la Sentence.

En effet, comment supposer que le Sieur Charlier ait souscrit & que le Sieur Dubreuil ait exigé ces trois billets pendant que le Sieur Charlier étoit dans *les fers?*

La vérité est que le Sieur Dubreuil avoit prêté au Sieur Charlier, dans ses momens de besoin à l'Isle de France, trois cents gourdes, à compte desquelles il en avoit remis à diverses fois 153, de maniere que le Sieur Charlier n'en devoit plus que 147, dont il fit son billet alors, parcequ'il étoit embarrassé & sans fonds.

Et cela ne paroît pas étonnant quand on fait attention qu'il avoit emprunté à ses passagers de l'Orient, des sommes considérables qu'il devoit rendre à l'Isle de France, & qu'il n'a pu rendre effectivement qu'après avoir fait de nouveaux emprunts à l'Isle de France,

On prétend que ce billet a été fait *à Quiloa, pendant que le Sieur Charlier étoit dans les fers.*

Mais peut-on concevoir que le Sieur Dubreuil se soit porté à un tel acte de scélératesse pour une modique somme de cent quarante-sept gourdes? Pensera-t-on jamais que le Sieur Dubreuil se soit avili aux yeux d'un homme qu'il avoit raison de suspecter d'infidélité, pour une somme de cent quarante - sept gourdes.

Si le Sieur Dubreuil se fût porté à cet acte de mauvaise foi & même de friponnerie, auroit - il borné son ambition à une quantité de 147 gourdes; ce nombre n'annonce-t-il pas au contraire un appoint qui tient à d'autres arrangemens? la réflexion seule suffit pour écarter un semblable soupçon.

Quant au reçu des six mille gourdes embarquées par le Sieur Vignier, cet objet est plus important, & semble avoir un prétexte.

Le Sieur Charlier qui savoit que le Sieur Dubreuil avoit signé un connoissement de ce chargement, pour que le Sieur Vignier pût faire assurer, a imaginé de dire que ce reçu étoit faux, pour se dispenser d'être dans la nécessité de justifier de ces six mille gourdes.

Il y a dans cette conduite un instinct d'adresse & de mauvaise foi difficile à prévoir ; heureusement que les actes démentiront ce fait.

Voilà la vérité ; nous répondrons ensuite à l'insidieuse supposition du Sieur Charlier.

Quand le Sieur Charlier fut parvenu, par l'entremise du Sieur Dutray, à qui il avoit accordé le poste de Major dans son navire, à se faire remettre les six mille gourdes du Sieur Vignier, celui-ci voulut avoir un connoissement pour faire *assurer* cette somme.

Le Sieur Dubreuil avec qui le Sieur Vignier n'avoit pas traité, comme on va le prouver, à qui il ne devoit pas compter cette somme parce qu'il n'étoit chargé que *de la conduite du navire*, ne voulut pas donner connoissement d'une somme qu'il ne recevoit pas & qui n'étoit pas à sa disposition ; il le renvoya au Sieur Charlier avec qui il avoit fait ses arrangemens, & qui seul étoit chargé de l'argent & d'en faire l'emploi.

Mais le Sieur Charlier qui n'étoit pas Capitaine, ne pouvoit pas signer un connoissement capable de faire asseoir des *assurances*.

Pour lever cette difficulté, on convint que le Sieur Dubreuil, Capitaine, *signeroit* le connoissement pour faire les assurances, & que le Sieur Charlier qui recevoit l'argent, conformément à sa charte partie, en donneroit reconnoissance au Sieur Dubreuil ; & c'est ainsi que le Sieur Charlier a fait ce reçu : il faut avoir perdu tout sentiment d'honneur, pour oser soutenir que ce reçu n'a pas été fait dans ces circonftances, & qu'il a été foufcrit *dans les fers*.

Heureufement que la charte-partie, foufcrite entre le Sieur Charlier & le Sieur Vignier prouve ce fait ; il en réfulte même que le Sieur Dubreuil pouvoit fe paffer de cette décharge du Sieur Charlier, étant porteur de la copie de cette charte-partie (1).

En effet, on y lit que le Sieur Charlier *s'oblige* de recevoir du Sieur Vignier, à fon bord, *fous connoiffement figné du Capitaine*, la quantité de *fix mille* piaftres effectives, pour être employées avec *les huit mille* qu'il embarquera auffi de *fes fonds*, pour traiter des Nègres, non pas pofitivement à *Mofambique*, mais à la côte d'Afrique.

Qu'on confulte bien l'efprit de cette charte-partie, on y découvre la vérité du fait qu'on vient d'établir, jointe à un menfonge infigne du Sieur Charlier, pour infpirer de la confiance au Sieur Vignier.

D'abord le Sieur Charlier a l'attention d'annoncer que les fix mille piaftres du Sieur Vignier feront jointes *aux huit mille* qu'il embarquera *de fes fonds*.

Et cependant il eft prouvé au procès, non-feulement qu'il n'avoit pas embarqué une feule gourde de *fes fonds*, mais qu'il n'avoit pas même embarqué la totalité de ce qu'il avoit emprunté de fon état-major & de fes paffagers.

---

(1) ..... *Et moi Charlier, m'oblige de recevoir à* mon bord, *fous connoiffement figné du* Capitaine, *la quantité de fix mille piaftres effectives, & ce pour être employées avec* huit mille *auffi effectives, que j'embarquerai de* mes fonds, &c. &c.

Mais il s'agissoit d'inspirer de la confiance au Sieur Vignier pour le déterminer ; *& huit mille gourdes* des fonds de l'Armateur étoient propres à cela.

Ensuite on voit dans cette charte-partie, que ce n'est pas le Capitaine qui doit *recevoir* à son bord les gourdes du Sieur Vignier, mais au contraire le Sieur Charlier Armateur chargé de la traite, qui s'oblige de recevoir *à son bord* les six mille gourdes, *sous le connoissement signé du Capitaine.*

Rien n'est plus clair, rien n'est plus précis ; ce n'est pas le Capitaine qui doit recevoir l'argent, c'est l'Armateur qui le recevra sous le *connoissement du Capitaine.*

Le Capitaine n'est donc pas là celui à qui on doit demander l'argent, puisqu'il n'a fait que *signer* le connoissement de ce qui a été compté à l'Armateur, car il est bon de remarquer qu'il y a une liaison intime entre cette charte-partie & le connoissement.

En effet, il n'est pas dit que le Sieur Vignier comptera six mille piastres au Sieur Charlier qui en fera l'emploi ; on y lit que le Sieur Charlier recevra *à son bord* l'argent du Sieur Vignier, & que le Capitaine en *signera* le connoissement.

Si le Sieur Dubreuil avoit voulu, il pouvoit se dispenser de prendre un reçu du Sieur Charlier ; il suffisoit d'ajouter à son connoissement qu'il avoit reçu conformément *à la charte-partie.*

Mais cela ne fut pas inféré ainsi, parceque cette énonciation auroit mis un obstacle aux assurances ; c'est pourquoi, le connoissement fut signé par le Sieur Dubreuil, & alors la reconnoissance du Sieur Charlier devenoit nécessaire.

Cet objet est extrêmement important, parceque dès que le Sieur Charlier a l'infidélité de soutenir que ce reçu a été signé lorsqu'il étoit *dans les fers*, il est facile de penser qu'il en impose sur toutes les circonstances de cette affaire ; la Cour est suppliée de donner toute son attention aux circonstances du connoissement lié à la charte-partie, & au reçu qu'on veut rendre suspect.

Enfin, le Sieur Charlier a encore prétendu que son obligation datée de l'Isle de France, de payer 25 pour cent de bénéfice maritime pour la prolongation de son billet de 400 l. à la Dame Picquot a été souscrit aussi *dans les fers*.

Mais de bonne foi, cela paroîtra-t-il vraisemblable aux simples lumières de la raison ?

Le Sieur Dubreuil ne fait là que l'office d'ami ; c'est lui qui a engagé la Dame Picquot à faire crédit au Sieur Charlier, & à accepter son billet payable à l'Isle de France, d'une modique somme de 400 l.

Rendu à l'Isle de France, l'embarras du Sieur Charlier dont on avoit fait connoître les principes, ne lui permirent pas d'acquitter ce billet que la Dame Picquot avoit passé à l'ordre du Sieur Dubreuil pour en recevoir le montant.

Le Sieur Charlier propose d'en prolonger le terme au retour du navire à l'Orient avec vingt-cinq pour cent de bénéfice maritime ; le Sieur Dubreuil y consent, & on vient dire en ce moment, que cet arrangement a été fait *à Quiloa*, pendant que le Sieur Charlier étoit *dans les fers*.

Croit-on que le Sieur Dubreuil auroit laissé partir le Sieur Charlier de l'Isle de France sans régler ce modique intérêt, puisque le Sieur Charlier étoit dans l'impuissance d'acquitter son billet de 400 l.

En vérité, il est ridicule de proposer de semblables

moyens dans une affaire aussi grave ; pourra-t-on jamais croire que le Sieur Dubreuil ait profité de la détention du Sieur Charlier pour lui faire souscrire un engagement au profit *d'un tiers ?*

Mais une circonstance qu'il ne faut pas négliger de faire remarquer, c'est que cet engagement, & celui de 147 gourdes au profit du Sieur Dubreuil font souscrits à *moitié bénéfice* au prorata de la vente des noirs.

Comment pourra-t-on supposer que le Sieur Dubreuil a été capable de faire contracter au Sieur Charlier, *dans les fers*, des engagemens, & qu'il ait précisément couru les risques de ne *rien tirer* de ses engagemens ?

A l'époque où on fixe la date de cet engagement, la situation des affaires du Sieur Charlier étoit connue, puisqu'on prétend qu'il étoit *aux fers* ; on savoit qu'il n'y avoit pas de fonds à bord, que le Sieur Charlier n'avoit rien embarqué, tandis qu'il avoit reçu des sommes considérables : & on supposeroit le Sieur Dubreuil assez borné pour *s'associer aux bénéfices* que devoit faire le Sieur Charlier, dans un temps où il étoit connu qu'à peine il y avoit à bord de quoi traiter des noirs pour payer l'équipage : le Sieur Dubreuil auroit fait souscrire un engagement *à moitié profit ?*

Cette circonstance seule suffiroit pour faire rejeter à jamais une pareille supposition, puisqu'il en résulteroit que le Sieur Dubreuil se feroit avili aux yeux d'un homme qu'il étoit forcé de mépriser, avec la certitude de ne tirer aucun profit de ses bassesses : ce n'est pas ainsi que le crime agit ; l'intérêt est sa marche & le but de ses projets ; le Sieur Charlier en fournit bien la preuve : s'il est couvert de honte, s'il a encouru des peines , il avoit l'espérance de jouir de ses infidélités qu'il a su mettre à profit.

Une autre observation bien importante encore , c'est que ces trois engagemens qu'on prétend avoir été souscrits au même instant , sont d'une *encre*, d'une *plume* & d'un *papier* différens ; cela est très-remarquable , & ces différences sont sensibls.

En un mot , il n'y a qu'un seul témoin qui dépose de ce fait , & précisément il ne peut pas être entendu sur ce fait particulièrement.

C'est le Sieur *Dutray*, Chirurgien: mais ce Sieur Dutray , qui est celui qui avoit procuré cette bonne découverte au Sieur Charlier , est précisément celui qui avoit la procuration du Sieur Vignier pour veiller à l'emploi de ses fonds.

Il étoit donc intéressé à engager le Sieur Dubreuil à la représentation de cette somme qui n'étoit plus dans le navire & que le Sieur Charlier avoit détournée ; voilà une raison qui doit écarter le témoignage du Sieur Dutray , indépendamment des moyens généreux de récusation qui doivent être admis contre lui , comme on l'a établi.

Ce qui a achevé de rendre ce témoignage invraisemblable , outre qu'il est faux , c'est qu'il dit que , pour faire souscrire ses engagemens au Sieur Charlier , le Sieur Dubreuil fit éloigner la sentinelle , pour qu'elle n'en eût pas connoissance,

Mais si le Sieur Dubreuil a écarté une *sentinelle* qui ne pouvoit pas connoître l'importance de ces engagemens , comment a-t-il donc souffert la *présence* du Sieur Dutray qui y avoit une sorte d'intérêt ?

Enfin le Sieur Dutray ajoute que pour décider le Sieur Charlier à souscrire à ses engagemens , le Sieur

Dubreuil lui dit : » à tout péché miséricorde, rennez-
» moi ces engagemens, & je vous fais grace «.

Comment se peut-il qu'après ces engagemens *signés*,
le Sieur Charlier n'a point eu sa grace, n'a point été
élargi des fers ? & le Sieur Charlier ne se seroit pas
plaint de cette insigne infidélité, s'il en avoit été l'objet !

Il est certain que personne ne parle des plaintes du
Sieur Charlier, d'avoir été ainsi trompé, pas même
le Sieur Dutray qui raconte ce fait.

On n'en peut pas douter, le Sieur Dutray en impose
ouvertement ; mais quand on nie avoir été présent aux
procès-verbaux qu'on *a signés*, quand on a nié la vérité des procès-verbaux qui est établie d'une manière
sans réplique, on peut tout faire, on peut tout dire
pour de l'argent ; & toutes les circonstances de cette
malheureuse affaire prouvent assez ce que peut la perversité humaine, quand elle est excitée par la soif de
l'or & par l'intérêt personnel.

Il est certain que le Sieur Charlier a détourné les
fonds destinés à la traite du navire ; cela est démontré d'une manière qui ne peut être contestée, puisqu'il
ne s'est trouvé à bord que *quatre mille gourdes*, tandis
qu'il en avoit reçu six mille du Sieur Vignier, plus,
quatre-vingt-seize mille livres qu'il avoit reçues de son
état-major & de ses passagers, suivant sa propre déclaration, sans compter les sommes considérables qu'il
avoit empruntées *à la grosse*, à L'Orient & à Paris.

Le Sieur Charlier qui étoit présent lorsqu'on n'a
trouvé que quatre mille gourdes dans le navire où il
devoit se trouver des fonds suffisans pour traiter *quatre cents noirs*, n'a pas prétendu qu'il dût s'en trouver davantage. Il n'a pas même osé le soutenir dans

l'inftruction de cette affaire ; il s'eft borné à dire qu'il avoit jeté *neuf facs* de gourdes à la *mer* dans le moment de fa fureur, & c'eft ce qui avoit décidé le Capitaine à faire *draguer* le long du navire, le lendemain de la fcène qui s'eft paffée à Quiola, fuivant le procès-verbal qui en a été dreffé ; mais cette recherche à été vaine : il n'étoit pas poffible que le Sieur Charlier, qui étoit furveillé par une garde, eût pu jeter *neuf facs* de gourdes à la mer ; la garde qui veilloit à fes actions s'en fût apperçue, & d'ailleurs comment fe peut-il donc que le Sieur Charlier qui prétend avoir été dans un état *d'ivreffe*, fe foit rappelé qu'il avoit jeté neuf facs d'argent à la mer ?

Il eft bien aifé de preffentir que l'infidélité du Sieur Charlier, le détournement des fonds deftinés à la traite & de ceux qu'il avoit empruntés *à la groffe*, étoient de puiffans motifs qui le décidoient à fufciter quelque cataftrophe à bord, qui pût couvrir fes déprédations, ou du moins les rendre douteufes ; & il eft très-important de remarquer qu'il ne s'eft pas trouvé de fonds à bord, parceque c'eft là le motif de tous les écarts auxquels il s'eft livré pour mafquer fes infidélités.

Mais quel motif peut-on fuppofer qui ait déterminé le Sieur Dubreuil à s'écarter des règles de fon état.

N'étoit-il pas, au contraire, intéreffé au fuccès du navire & aux avantages de la traite, puifqu'il lui étoit acquis une *commiffion* fur le produit de la vente, & puifque fes gages & fon traitement n'étoient *affurés* que fur les opérations du navire.

Si le Sieur Charlier avoit intérêt à faire périr fon navire ou faire manquer la traite parcequ'il avoit fpolié les fonds qui y étoient deftinés, le Sieur Du-

breuil étoit intéressé au contraire à veiller à sa conservation.

Il n'est pas difficile après cela de savoir qui, du
Sieur Charlier ou du Sieur Dubreuil, est le scélérat
que cette affaire présente.

D'ailleurs, quand on examine la conduite que le
Sieur Dubreuil a tenue après avoir été réduit par *le vœu
unanime* de son état-major & de son équipage, à garder
le Sieur Charlier *aux fers*, pour préserver le navire
& l'équipage des malheurs dont il les menaçoit. Il ne
peut plus y avoir d'incertitude.

On n'a point vu le Sieur Dubreuil agir de son chef
& sans consulter son état-major, il ne s'est point em-
paré des quatre mille piastres qui se sont trouvées, il
n'a pas fait une seule démarche sans avoir assemblé &
consulté son état-major, il a poussé le scrupule & l'exactitude jusqu'à ne traiter des chaloupes, qui étoient
nécessaires pour faire la traite, que par un procès
verbal auquel son état-major a participé.

Enfin le Sieur Charlier a prétendu que le Sieur Dubreuil avoit enlevé dans ses papiers une lettre de crédit
de *70* ou *80* mille livres & un billet de vingt mille
livres tournois qu'il avoit du Sieur Dubreuil, à valoir
sur ses gages & commission.

Mais comment le Sieur Charlier peut-il établir ce
fait ? d'abord il est certain que les papiers ont été renfermés dans un sac *cacheté* jusqu'à ce que la malle qui
contenoit l'argent & qu'on avoit envoyée à *Monfia*
pour traiter des Noirs, ait été revenue ; & dès qu'elle a
été de retour à bord, on y a mis les papiers qui
avoient resté jusqu'à ce moment dans le sac bien cacheté.

D'un autre côté, il n'est pas vraisemblable que le

Sieur Charlier ait pu avoir une lettre de *crédit* fur Mofambique ; d'abord parcequ'il n'y a pas de rapports de
commerce avec ce pays-là , enfuite parcequ'on ne peut
pas s'expofer à l'incertitude d'une *lettre de crédit* pour
s'affurer les moyens de faire une traite.

Enfin de quelle utilité pouvoit être au Sieur Dubreuil une lettre *de crédit* qui auroit porté le nom du
Sieur Charlier ? Il eft certain qu'il ne pouvoit pas en
faire ufage, fur-tout fi on fait attention qu'elle étoit fur
Mofambique, & que le Sieur Dubreuil n'eft pas allé
& n'a pas même penfé à aller à *Mofambique*. Si le Sieur
Charlier a imaginé cette lettre de crédit pour couvrir
le vide des fonds deftinés à faire la traite , il eft ridicule de foutenir que le Sieur Dubreuil a enlevé cette
lettre de crédit dont la confervation auroit au contraire affuré au navire quelque reffource , & à lui-
même fes gages & fa commiffion ; mais il eft invrai-
femblable & contre les opérations du commerce des
Noirs de changer de l'argent pour une lettre *de crédit*
dont l'accueil eft toujours incertain & ne peut affurer
une traite comme l'argent comptant que le Sieur Charlier auroit mis à bord s'il ne l'avoit pas fpolié.

A l'égard du billet de vingt mille livres tournois
prétendu foufcrit au profit du Sieur Charlier par le
Sieur Dubreuil , il eft auffi controuvé que le refte de
cette affaire.

En effet comment croire que le Sieur Charlier qui
étoit dans le plus grand embarras à l'Ifle de France,
pour payer à fes paffagers de L'Orient à l'Ifle de France
ce qu'il avoit emprunté d'eux *à la groffe* , qui a fait
refter pendant *trois mois* à l'Ifle de France , faute de
fonds, le navire qui ne devoit faire qu'une efcalle de
quinze jours , qui n'a pas pu acquitter le billet de

quatre cent livres qu'il avoit souscrit à L'Orient au profit de la Dame Picquot, comment croire qu'il ait, dans de telles circonstances, fait une avance de vingt mille livres tournois au Sieur Dubreuil, qui ne pouvoit pas en avoir besoin, au Sieur Dubreuil, qui l'avoit aidé de son crédit à L'Orient pour lui faire trouver de l'argent, qui avoit été contraint de se rendre *caution* pour lui de sommes très considérables prises *à la grosse* à L'Orient pour les besoins du navire.

Il est aisé de voir que rien n'est plus faux que tous ces faits qui n'ont été imaginés par le Sieur Charlier que pour diminuer le déficit qui s'est trouvé à bord sur les fonds qu'on croyoit que le Sieur Charlier avoit embarqués, & qu'il avoit réellement reçus pour être employés à la traite du navire à la *côte orientale d'Afrique*.

Le Sieur Dubreuil, homme franc & loyal, à cru à l'honnêteté du Sieur Charlier, voilà tout ce qu'il a à se reprocher.

Le Sieur Charlier, homme fin, adroit & pervers, a voulu mettre à profit la confiance & le crédit du Sieur Dubreuil.

Il est parvenu à faire un armement considérable avec un capital très-médiocre : assuré de trouver des ressources parmi les amis du Sieur Dubreuil, il a consommé en dissipations une grande partie de ses fonds ; il a placé à rente viagère une partie de ceux qu'il avoit empruntés *à la grosse* en France, il a mis tout en œuvre pour se procurer de l'argent à l'Isle de France afin de remplacer au moins celui qu'il avoit emprunté de ses passagers ; il a employé trois mois à faire ressources, il est enfin parti après avoir eu l'adresse de se faire confier six mille piastres par le Sieur Vignier, dont il a fu écarter la préfence lors de fon départ, parcequ'il étoit dans l'impuiffance de faire les fonds qu'il avoit annoncés, & mémede repréfenter ceux qu'on lui avoit remis à moitié profit.

Rendu à la deftination du navire, & ne pouvant plus trouver là des reffources capables de couvrir fes infidélités, il a mis tout en œuvre pour faire périr le bâtiment, lorfqu'il l'a pu fans expofer fa vie, quand il a vu que le Sieur Dubreuil avoit trop d'honneur pour partager fes projets criminels ; n'ayant pu y parvenir, il avoit formé le complot d'affaffiner le Sieur Dubreuil pour fe rendre maître du navire ; lorfqu'il a vu qu'il falloit renoncer à ces baffeffes, il n'a pas eu d'autre reffource que de chercher une querelle ouverte au Sieur Dubreuil qu'il n'avoit pu décider à abandonner fon navire ; à la fuite de cette querelle, il a contrefait l'homme *ivre* pour couvrir fes violences, qui tendoient à faire périr fon navire dans la rade même, affuré de fe fauver ; voyant échouer tous fes projets infâmes, il a été réduit à fuppofer qu'il avoit jeté de l'argent *à la mer* pour juftifier le déficit des fonds : enfin convaincu d'infidélité & expofé aux rigueurs des Loix, il a cherché à fe faire des appuis parmi ceux qui avoient des intérêts dans le navire, en leur affurant leur paiement fur le produit des Nègres qui feroient traités, au préjudice *des prêteurs à la groffe* ; il a concerté avec eux les moyens de détruire les preuves *écrites* qui exiftoient de fes infidélités ; il a cherché à corrompre tous ceux qui pouvoient être capables de fe laiffer féduire ; il a *livré* les Nègres de la traite à ceux qui l'ont fervi, pour échapper au fupplice : il a plus fait, il a cherché à couvrir le Sieur Dubreuil de fes propres fpoliations, il a imaginé les

faits

faits les plus abſurdes, les plus invraiſemblables pour rendre ſuſpecte la conduite du Sieur Dubreuil; en un mot, en homme hardi, audacieux & adroit, il a ſu mettre à profit toutes les poſitions les plus honteuſes de ſon aventure, ſa détention même lui a ſervi de prétexte à ſes ſuppoſitions injurieuſes; voià l'homme que le Sieur Dubreuil a eu à combattre, qu'il a eu à démaſquer, après avoir échappé à ſes complots criminels.

Le Sieur Dubreuil au contraire, d'abord confiant parcequ'il eſt honnête, enſuite devenu circonſpect quand il a ſenti la néceſſité de l'être, n'a rien fait dans ces circonſtances embarraſſantes ſans conſulter ſon état-major, ſon équipage, & même les Capitaines & Officiers des navires qui ſe ſont trouvés dans la rade de *Qriloa*; il a concerté avec aux la règle de conduite qu'il devoit tenir dans l'embaras où il s'eſt trouvé ; il a dreſſé des procès verbaux de tout ce qui a été fait, il a en outre établi ſur ſon journal de route tout ce qui s'eſt paſſé, & on voit entre ce journal & ces procès verbaux un accord parfait.

Quelles précautions pouvoit-il prendre pour que ſa conduite ne fût pas ſuſpecte, qu'il ait négligées ? que fal'oit-il faire, dans les circonſtances où il s'eſt trouvé? Falloit-il expoſer le navire, falloit-il expoſer l'équipage aux tentatives multipliées de ſédition & de révolte auxquelles le Sieur Charlier vouloit arriver ? Falloit-il agir contre le *vœu unanime* de ſon état-major & de ſon équipage?

En un mot, le Sieur Dubreuil eſt un homme de bien, qui jouit de l'eſtime de tous ceux qui le connoiſſent; le Sieur Charlier, en l'accuſant, l'a con-

traint à faire *attester* (1) ses vie & mœurs ; il prouve qu'il a toujours joui de la confiance de ceux qu'il
l'ont employé, & qu'il l'a méritée.

Quel temoignage de ce genre le Sieur Charlier
pourroit-il produire ?

S'il étoit permis de sortir des circonstances de cette
affaire, pour faire connoître le Sieur Charlier ; s'il
étoit permis de faire la peinture de ses mœurs, l'his-
toire de sa vie privée, & de ses hauts faits, sans doute
ici ce tableau paroîtroit chargé ; on pourroit croire
que la haine & la vengeance ont conduit le pinceau ;
mais à *l'Isle de France*, mais à *l'Orient*, mais à *Paris*
même, dans sa famille, on y reconnoîtroit le Sieur
Charlier, lors même qu'il ne seroit pas nommé ;
car il est tel, que son portrait moral ne peut guère
convenir qu'à lui.

La contrariété *apparente* que les informations pré-
sentent sur des faits qui se sont passés dans l'espace
étroit d'un navire, est l'ouvrage de l'intrigant &
de l'artificieux Charlier ; elle est le fruit de ses ins-
pirations, elle est produite par l'impulsion secrette de
l'intérêt personnel de ceux qui l'ont préparée, pour
se procurer des fonds que les infidélités de Charlier
avoit compromis.

Mais quand on cherche la vérité au milieu des
incertitudes qui empêchent de la saisir, quand il
faut prononcer entre deux hommes qui s'accusent
réciproquement & dont un seul est coupable, la
prudente & circonspecte méditation de la Justice se

____

(1) *Les certificats sont imprimés à la suite de cette
requête.*

porte d'abord fur le *génie*, fur le *caractère*, fur 'es *befoins*, fur les *mœurs* de ceux dont elle doit fixer le fort. La connoiffance de l'homme conduit prefque toujours à la découverte de la vérité, fur-tout lorf-qu'elle eft enveloppée des artificieufes infinuations de l'intérêt perfonnel & de la fraude.

Si on applique aux circonftances de cette affaire la connoiffance générale de l'efprit humain ; fi on cherche dans la conduite, dans l'intérêt perfonnel du Sieur Charlier & du Sieur Dubreuil l'explication de ce qui paroîtra incertain dans les informations, dans les fitua-tions particulières de cette affaire, la honte du Sieur Charlier eft affurée par la conviction de fes infidélités & de la noirceur de fes projets, qui doit naître infail-liblement de cette recherche.

Mais ce n'eft pas affez fans doute que le Sieur Char-lier fubiffe la peine due à fa perverfité, & que le voile du crime dont il enveloppe le Sieur Dubreuil foit dé-chiré avec éclat : l'honneur du Sieur Dubreuil a été bleffé, fon intérêt compromis & la confiance publi-que ébranlée ; rien fans doute ne peut effacer l'humi-liation qu'il a fubie, l'efpèce de flétriffure attachée à un décret, à une inftruction criminelle, à un interro-gatoire fubi dans une attitude qui fait la honte & le premier fupplice du crime même ; la réparation la plus éclatante de la Juftice n'écartera pas le fouvenir de tout ce qu'il a fouffert ; quel que foit le Jugement qu'il at-tend avec la confiante fermeté de l'homme de bien, pourra-t-il jamais oublier qu'il a été préfenté à la Juf-tice & à la Société entière comme un criminel ; que fa fortune & fon bien-être à venir font détruits par les engagemens du Sieur Charlier qu'il a *cautionnés* en France ; que le fort d'une époufe, d'un fils & de toute sa postérité, est lié & confondu dans les déprédations du Sieur Charlier, & qu'il ne lui reste pas même l'espérance de réparer son malheur?

Quels que soient les dommages-intérêts que la Justice accordera au Sieur Dubreuil, ils n'égaleront jamais ses pertes & ses souffrances *réelles*; jamais une peine pécuniaire ne punira le Sieur Charlier de ses infidélités & de ses entreprises sur la personne, la fortune & l'honneur du Sieur Dubreuil.

Cette affaire auroit peut-être offert à un peintre habile les matériaux d'un chef-d'œuvre dans l'art sublime de peindre par la parole & par les pensées.

L'innocence opprimée, l'innocence dans les fers, l'artificieuse préparation du crime triomphant, le tendre empressement d'une épouse, l'affectueuse résistance d'une mère qui s'arrache aux innocentes caresses d'un fils pour aller au secours d'un époux, toutes ces situations différentes, embellies par les charmes & le coloris d'une ingénieuse & ardente imagination, étoient bien propres à faire glisser dans les cœurs les douceurs de la persuasion, & à porter dans les esprits le flambeau de la conviction.

Mais quand on n'est pas doué d'un génie créateur, quand on ne possède pas la hardiesse des expressions & la véhémence des figures, il faut s'attacher à la modeste simplicité qui fait aimer la vérité.

On a rempli le premier & le plus noble de ses devoirs, quand on a su éclairer & convaincre l'esprit, quand on a porté la lumière dans ces longues obscurités d'une procédure ennuyeuse, & il faut se contenter d'en avoir arraché les épines qui lui sont naturelles, sans vouloir y mêler mal-adroitement & souvent mal-à-propos des fleurs étrangères; en un mot, il faut, comme l'enseigne le grand maître de l'éloquence Françoise, *refuser* d'*orner* ce qui ne demande que d'être *expliqué*.

Et tel est le caractère de cette affaire, qu'elle porte en elle-même la preuve de l'innocence du Sieur Dubreuil. Il ne faut, pour l'appercevoir, que la chercher avec soin, & savoir écarter les nuages dont la fraude & toutes les finesses de l'intrigue ont su l'envelopper. Tel est du moins le sentiment qu'on éprouve après une exacte & impartiale méditation sur toutes les circonstances de cette monstrueuse procédure, soumise à l'examen de la Cour.

Signé, DUBREUIL.

Monsieur RAINAUD DE SAINT - HILAIRE, *Conseiller-Rapporteur.*

Me. CHACHEREAU, Avocat.

PIÈCES
JUSTIFICATIVES.

N°. I.

Je souſſigné, propriétaire & armateur du navire *le Moſambique*, armé en ce port en 1785, en deſtination pour l'Isle de France, certifie à tous ceux qu'il appartiendra, que j'en avois donné le commandement au Sieur Jean-François Dubreuil, reconnu pour avoir des connoiſſances relatives à ſon état; qu'en effet il a rempli ce commandement avec intelligence & probité, & qu'il en a rendu bon compte; en foi de quoi j'ai délivré préſent, pour valoir & ſervir ce que de raiſon. A L'Orient, ce 3 Octobre 1789.

Signé, Par procuration de mon mari, GRANIÈRE ARNOUS DESSAULSAY.

N°. II.

Nous souſſignés Capitaines de navires de commerce, à la réſidence de L'Orient, certifions & atteſtons à tous qu'il appartiendra, que le Sieur Jean-François Dubreuil, Capitaine de navire & actuellement de celui du *Félix*, a navigué dès l'âge le plus tendre, à notre connoiſſance, ſur différens navires & dans différens parages; qu'il s'est comporté dans les différens grades avec délicatesse, conduite, capacité, honneur, distinction & intégrité. En témoignage de quoi & de la pure vérité, nous avons signé le présent, pour valoir & servir ce que de raison. L'Orient, trois Octobre mil sept cent quatre-vingt-neuf.

Signé, GAUTIER, DAVID, MASSON, BAUCHOT, DUPLESSIS LAGOUS, Capitaines de navires.

N°. I I I.

NOUS Louis-Mathurin Duporthuart, Sieur de Botming, Conseiller du Roi, Lieutenant civil, criminel & de Police du Siège Royal & de l'Amirauté de L'Orient, certifions que le Sieur Jean-François Dubreuil, Capitaine du navire *le Félix*, s'est toujours comporté, à notre connoissance, avec délicatesse, capacité, honneur, distinction & intégrité. En foi de quoi nous avons signé le présent, pour valoir & servir ainsi qu'il appartiendra ; sous le scel du Siège.

Donné en notre hôtel, à L'Orient, le trois Octobre mil sept cent quatre-vingt-neuf.

Signé, DUPORTHUART.

N°. I V.

NOUS Jean-Marie Emoul Deschateles, Écuyer, Conseiller du Roi, Maire de la ville & communauté de L'Orient, attestons à qui il appartiendra, que le Sieur Jean-François Dubreuil, Capitaine des vaisseaux du Commerce, nous est parfaitement connu pour un bon citoyen , habitant cette ville depuis son bas âge, qu'il ne nous est jamais rien revenu contre lui, mais au contraire de très-bons témoignages de sa conduite & de sa capacité, qui lui ont mérité l'estime des honnêtes gens & la confiance des négocians ; en témoignage de quoi nous avons signé le présent , icelui contresigné par le Secrétaire-Greffier de cet hôtel, & scellé du sceau des armes de cette ville. Fait à l'hôtel-de-ville de L'Orient , le deux Octobre mil sept cent quatrevingt-neuf.

Signé, DESCHATELES EMOUL ; par Monsieur, BOULEAU ; PUEL, BARBARIN le Maire, MONTALANT, FRICHÉ.

Nº. V.

NOUS Louis-Jean-Gabriel La Pôtaire, Conseiller du Roi, Échevin Assesseur de la ville & communauté de L'Orient, ancien Prieur-Consul, & Colonel de la Milice Nationale de cette ville , attestons à qui il appartiendra, que le Sieur Jean-François Dubreuil, Capitaine des vaisseaux du Commerce, nous est parfaitement connu pour un bon citoyen , habitant cette ville depuis son bas âge ; qu'il ne nous est jamais rien revenu contre lui, mais au contraire de très-bons témoignages de sa conduite & de sa capacité, qui lui ont mérité l'estime des honnêtes gens & la confiance des négocians. En témoignage de quoi nous avons donné le présent, pour servir ce que de raison , auquel nous avons apposé notre cachet ordinaire.

Fait à L'Orient, le 2 Octobre 1789.

Signé, LA PÔTAIRE, PUEL, MONTALANT, BARBARIN le Maire, FRICHÉ.

N°. V I.

Je, Commandant de la Marine & du Port de L'O-
rient, certifie que M. Dubreuil, ci-devant employé en
qualité d'Officier, notamment en celle de Lieutenant
de frégate pour la campagne, a servi en temps de guerre & en celui de paix, sur les bâtimens du Roi en les-
dites qualités; & que d'après les rapports de ses chefs
& l'opinion publique, & enfin sur ce que nous avons
été à portée de voir des services de cet Officier sous
nos ordres, nous ne pouvons qu'approuver sa bonne
conduite & son zèle dans ces différentes occasions.
A L'Orient, le 15 Octobre 1789.

Signé, THEVENARD.

N°. V I I.

Je, soussignée, certifie à tous qu'il appartiendra,
que quelques jours avant le départ du navire *le Félix*,
du port de L'Orient, sous le commandement de M.
Dubreuil, le Sieur Charlier, Armateur & Second
dudit navire, me pria de lui prêter une somme de quatre cents livres, ce que je fis en considération de Monsieur Dubreuil, que j'avois l'honneur de connoître; le
Sieur Charlier me consentit son billet à ordre payable
en piastres à l'Isle de France; je passai ce billet à l'ordre
de Monsieur Dubreuil pour recouvrer mes fonds; en
témoignage de quoi & de la pure vérité, j'atteste le
présent, pour servir & valoir ce que de raison. Fait à
L'Orient, le 3 Octobre 1789. *Signé*, la PICQUOT.